EDUCAÇÃO e EMPREENDEDORISMO SOCIAL:

UM ENCONTRO QUE (TRANS)FORMA CIDADÃOS

Maria Flávia Bastos

EDUCAÇÃO e EMPREENDEDORISMO SOCIAL:

UM ENCONTRO QUE (TRANS)FORMA CIDADÃOS

MAZZA edições

EDUCAÇÃO E EMPREENDEDORISMO SOCIAL: UM ENCONTRO QUE (TRANS)FORMA CIDADÃOS

2ª edição – 2015

Capa
Túlio Oliveira

Revisão
Ana Carolina de Andrade Aderaldo
Cristhiane Maurício

Projeto gráfico e diagramação
Casadecaba Design e Ilustração

Produção Gráfico-editorial
MAZZA EDIÇÕES LTDA.
Rua Bragança, 101 – Pompeia
30280-410 Belo Horizonte – MG
Telefax: + 55 31 3481-0591
edmazza@uai.com.br
www.mazzaedicoes.com.br

B327e

Bastos, Maria Flávia.
Educação e empreendedorismo social : um encontro que (trans)forma cidadãos / Maria Flávia Bastos. – 2. ed. – Belo Horizonte : Mazza Edições, 2015.

128 p. ; 16x23 cm.

Originalmente apresentada como Dissertação de Mestrado do autor, em Gestão Social, Educação e Desenvolvimento Local do Centro Universitário UNA.

ISBN: 978-85-7160-652-4

1. Educação social. 2. Empreendedorismo social. 3. Educação para o trabalho. I. Título.

CDD: 370.113
CDU: 37.035.3

DEDICATÓRIA

Ao Jatemar, meu amor, que empreende sonhos comigo diariamente.

Aos meus pais, meu colo, meu aconchego, meu exemplo.

À Cacaia e ao Dudu, amigos, irmãos, incentivadores sempre.

Ao meu avô e à minha avó, minha grande inspiração.

À amiga Carol Aderaldo, mestre das palavras – em todos os sentidos.

À tia Ângela e ao professor Téo, que me fizeram sair da gaiola e voar com novas asas.

Aos meus alunos, companheiros que me ensinam tanto.

A Nossa Senhora, que em todo este trabalho me cobriu com seu manto, tão grande e tão quente, como uma colcha de retalhos.

AGRADECIMENTOS

À Daniela Viegas, amiga e cúmplice nesta e em tantas jornadas que, como uma *Rosa dos Ventos*, me aponta sempre a melhor direção.

À Luana, que me fez encontrar Martin Buber e que, comigo, vive plenamente seus ensinamentos.

Às tias Dadá e Joca, torcedoras eternas.

A Red Empredesur, pela troca constante e empreendedora de conhecimento.

Ao Tião Rocha, pelo desprendimento e exemplo a ser seguido.

Às ONGs participantes do projeto, por seu exemplo de empreendedorismo social.

Aos Professores Glauco, Kenya e Alice, pela oportunidade única dada apenas por quem têm grande coração.

À Professora Natália Alves, pela amizade e carinho, além da crença e valorização contínua no projeto.

Ao Padre Geraldo Magela, que sempre entendeu e defendeu o sentido real da educação.

Sumário

Prefácio

Maria Flávia nos brinda com uma proposta metodológica de formar empreendedores sociais no ambiente escolar, tratou-se de sua dissertação de Mestrado de cuja Banca Examinadora, prazerosamente, participei. Mais que isso, seu método propõe transformar jovens estudantes em cidadãos e cidadãs protagonistas de suas histórias e cientes da dura realidade que vivem. Aliás, ela recheia tal método com um aperitivo saboroso a partir da mistura de histórias: suas, da família, dos alunos, dos amigos... e por aí vai. Um aperitivo suculento, um tira-gosto para o que virá, sem perder o rigor. Maria Flávia foi *incubada* num meio "trans-forma-a-dor". A dor de sermos brasileiros periféricos da nova economia excludente, mas transformada em objetos de aprendizagem dialogais. Desde cedo ela aprendeu (e apreendeu) isso. Sua criação teve *sustância*, muita. Assim ela costura saídas inovadoras, meios e modos de *antenar* seu alunos e seu entorno na dura realidade em que existimos (ou que insistimos). Assim ela diferencia, de forma elegante, a visão do empreendedor clássico, o "entrepreneur", daquilo que ela chama de empreendedor social. E mais que isso, ela se preocupa com a criação e a formação deste num diálogo *buberiano* de alto nível. Ela trouxe "fortuna" e tiveram isso aqueles que com ela conviveram. Vale a pena ler. Aliás, leia e (trans)forme-se.

Prof. Dr. Bezamat de Souza Neto
Professor da Universidade Federal de São João del-Rei;
Coordenador da IESP – Incubadora de Empreendimentos para Egressos do Sistema Penal e Vice-Presidente da Rede EmprendeSUR – Red de Emprendedorismo e Innovación de Latinoamerica

Empreendedores cotidianos – ou os exemplos da minha vida

Esta é uma história que mistura outras histórias que aqui vou contar: a da família, dos alunos, dos amigos, dos empreendedores sociais. Cada qual, como numa colcha de retalhos, se juntam para formar parte da história da minha vida e de como cheguei a este livro, fruto da minha dissertação de mestrado.

Na tarde de Natal tinha na mesa um grande bolo. Minha avó então chamava toda a meninada da rua para, junto da gente, cantar parabéns para o Menino Jesus. E vinha menino de todo canto, de todo jeito: rico, pobre, branco, preto, sem graça, engraçado... só para festejar as invenções de vovó. E ela tinha muitas: festa de Cosme e Damião, batizado de boneca, colheita de jabuticaba, sarau e contação de histórias que ela mesma inventava, reinventava, ninava. Era franciscana. E, então, nos ensinou que homem, bicho, flor, todo mundo tinha de viver junto. Ensinou também que, à mesa, a partilha é o prato principal, o mais gostoso, o que garante a fartura de amanhã.

O companheiro de partilha dela, meu avô, virou professor universitário depois dos 40 anos. Era um sonho que ele tinha! Era comunista e fazia da casa uma sala de aula. Nós, alunos atentos, tentávamos compreender a difícil lição de viver as diferenças, de respeitar o outro e de perceber que o bonito era misturar as muitas opiniões sociais, políticas, filosóficas, religiosas, acadêmicas.

E a casa deles era assim: um entra e sai de gente, a mesa cheia, as falas misturadas, o calor da divisão.

Minha mãe, que também era professora, levou para sua vida o que aprendeu com meus avós. E empreendeu, teceu uma nova história. Se juntou ao meu pai, médico do SUS, e fizeram também, da nossa casa, um lugar para ser partilhado. E a gente vivia assim, tendo novas ideias, unindo pensamentos, tecendo sonhos.

Por causa deles, da minha família e da abertura de nossas casas, pude conhecer um monte de gente que também gostava de abraçar o mundo. Tão especiais, criativos, empreendedores, grandes, fascinantes.

Com isso, entendi desde cedo a beleza de tratar e encantar as pessoas decifrando seus desejos, anseios e suas várias formas de enxergar o mundo.

Meu caminho – pessoal, social e profissional – foi traçado pelo entendimento de que é pelas diferenças que a igualdade se faz, como numa colcha de retalhos. Na vida, venho juntando pedaços de pano com diferentes cores e padrões. E vou colocando, na minha colcha, restos de panos guardados com sentimentos e inspirações. Cada pedaço é uma pessoa, um lugar, um sabor.

Eu também me tornei professora. E, na sala de aula, vou vendo cada coisa que aprendi, sobretudo, que ninguém é igual ao outro. E que somos diferentes não só fisicamente. Pensamos diferente, aprendemos diferente, ensinamos diferente, amamos diferente. Sempre um completando o outro. Todo dia me encanto com minha profissão – uma colcha de gente diferente (trans)formando a humanidade.

Educar é costurar, é unir coisas e pessoas em traços pontilhados. É contar histórias, é viver e entender a vida como uma colcha de retalhos, que começa com recortes e vai crescendo, tornando-se mais bonita, mais colorida e mais quente, para promover calor humano.

É pela educação – hoje pela educação empreendedora – que quero costurar o mundo, misturando as ideias, os sonhos e as necessidades que as pessoas terão. Que eu consiga interpretar e costurar as peças, compartilhando a colcha que aquecerá muitos corações, transformando os tecidos diferentes em um todo, pronto para ser vivido e ser amado!

Maria Flávia

Introdução

Este livro é fruto da minha dissertação de mestrado em Gestão Social, Educação e Desenvolvimento Local do Centro Universitário UNA, que avaliou e sistematizou uma experiência educacional: a da implantação da FORTUNA – Agência Experimental de Empreendedorismo Social da Unatec (Instituição de Ensino Superior que se constitui no braço de graduação tecnológica do Centro Universitário UNA, em Belo Horizonte-MG). Tal experiência, implantada pela primeira vez no Brasil,[1] criou oportunidades para que os alunos do curso de graduação tecnológica[2] pudessem quebrar paradigmas, vivenciar o respeito às diferenças, trocar experiências e propor soluções em comunicação e *marketing* para entidades do terceiro setor da região metropolitana de Belo Horizonte.

---

[1] No lançamento da agência, a confirmação do pioneirismo em cursos de graduação tecnológica foi pesquisada pela direção da Unatec e, ainda, reafirmada em matéria de um de seus jornais internos e em matéria do Jornal *Estado de Minas*, como se vê nos anexos 01 e 02.

[2] Cursos de nível superior para os que concluíram o ensino médio e cujo título admitido é o de tecnólogo. Com duração média de dois anos, os cursos concedem diploma de graduação permitindo a continuidade dos estudos em nível de bacharelado (graduação de quatro anos ou mais) ou de pós-graduação (*lato sensu* ou *stricto sensu*). A graduação tecnológica é parte integrante da Lei de Diretrizes e Bases da Educação de 1996 e foi oficializada pelo Ministério da Educação. A organização curricular dos cursos de graduação tecnológica funda-se nos princípios de flexibilidade, interdisciplinaridade e contextualização.

A finalidade deste livro é apresentar, divulgar e dividir com os leitores uma experiência junto a universitários que visa despertar nos discentes o entendimento do processo de empreendedorismo social, gerador de oportunidades para a construção de uma nova realidade social.

Para isso, *a priori*, apresentará teorias do empreendedorismo, do empreendedorismo social, da educação e da gestão social, na intenção de se refletir sobre a possibilidade de se gerar mudanças sociais e sistêmicas significativas, tendo como ponto de partida uma troca de experiências entre alunos, professores e entidades do terceiro setor.

As experiências da FORTUNA (e da metodologia que nasceu a partir dessa vivência) que aqui serão compartilhadas remeterão, entre outros aspectos, ao *Eu e Tu* (Filosofia Dialógica)[3] de que fala Martin Buber (1979), como fenômeno essencialmente transformador, em que os sujeitos escutam, falam e silenciam, numa dinâmica de autorrealização, ajustamento, contato e busca pelo sonho possível – o que se coaduna à proposta pedagógica de Paulo Freire (2001), que entende as mudanças da realidade a partir da participação dos sujeitos que a constituem.

Viver o ensino de empreendedorismo – que, hoje, sei ser bem diferente de ensinar empreendedorismo – tem sido a oportunidade de experimentar uma epopeia de emoções em sala de aula. Num mesmo momento, alunos, professores e entidades do terceiro setor puderam aprender e ensinar, por meio de uma proposta educativa distinta. Nessa experiência, pude perceber, até mesmo, certo rompimento com

---

[3] Martin Buber (1979) afirma que não há existência sem comunicação e diálogo, e que objetos não existem sem a interação. As palavras-princípio *Eu-Tu* (relação) e *Eu-Isso* (experiência) demonstram as duas dimensões da filosofia dialógica ou do diálogo, que consiste em uma relação *Eu-Outro*, na qual o poder do Eu não viole a alteridade do outro, isto é, uma relação que se traduza na preservação absoluta do sujeito, o que inibirá uma iniciativa individualista do Eu. Para Buber, a materialidade dessa preservação é o que constitui a "filosofia do encontro".

a fragmentação, legado da visão cartesiana, tão presente no ambiente escolar (FREIRE, 1996).

Investigar, descobrir, apontar e confrontar as teorias do empreendedorismo com a realidade dos alunos com quem pude compartilhar experiências em sala de aula é, finalmente, entender que empreender é vivenciar uma ação (trans)formadora. É se surpreender e sentir as excitações externas e internas ao perceber o movimento de abrir a mente diante da descoberta da possibilidade de criar uma nova realidade: mais livre, mais criativa, mais dinâmica, mais viva.

Há uma série de estudos segundo os quais a prática docente, por muito tempo, era comparada à aula magistral seguida de uma série de exaustivos exercícios que refletiam a repetição do aprendizado. Sem muito contato com o aluno, esse professor, tão frio e tão distante, limitava-se a "despejar" tudo o que conhecia. O comprometimento do educando era meramente ligado à formalidade da presença, o que, para muitos, garantia um suposto encontro com o saber (FREIRE, 1992; MORIN, 2003).

Esses autores mostram em sua obra que, em muitas instituições de ensino, o principal modo de transmissão do saber ainda é semelhante ao da tradição e da autoridade, a partir do qual dirigentes educacionais apontam o saber – que julgam mais necessário e adequado – para ser transmitido aos membros da sociedade. E é esse saber já construído que, por vezes, é oferecido sem qualquer convite à reflexão dos alunos. Para Paulo Freire, "a reflexão crítica sobre a prática se torna uma exigência da relação Teoria / Prática sem a qual a Teoria pode ir virando bláblábláe a Prática, o ativismo" (FREIRE, 1996, p. 22).

Em vários momentos da história, o homem necessitou romper as barreiras do conhecimento para ir em busca de um saber reflexivo. A educação acadêmica também vem passando por questionamentos acerca dos conceitos e dos significados sobre o que é ensinar e aprender, uma reflexão acerca da importância de ouvir, respeitar, entender. Alunos e professores cooperam na tentativa de construir uma nova dimensão da educação.

> A educação do futuro deverá ser o ensino primeiro e universal, centrado na condição humana. Estamos na era planetária; uma aventura comum conduz os seres humanos, onde quer que se encontrem. Estes devem reconhecer-se em sua humanidade comum e ao mesmo tempo, reconhecer a diversidade cultural inerente a tudo o que é humano. (MORIN, 2003, p. 47)

Foi nessa intensa busca por uma educação reflexiva que vislumbrei a possibilidade de desenvolver atividades em que alunos e professores pudessem caminhar comprometidos na construção de uma forma mais democrática e social de produzir conhecimento.

Outro ponto fundamental desta pesquisa é o estudo a respeito do empreendedorismo social e suas possíveis formas de ensino ou de difusão. Trata-se de um tema ainda pouco explorado, com escassa bibliografia. E há, ainda, confusões entre os termos "responsabilidade social" e "empreendedorismo social".

Então, a partir deste trabalho, pretende-se também demonstrar que o empreendedoismo social – um fenômeno dos últimos tempos – tem como objetivo maior a valorização do capital social existente na realização de iniciativas, projetos e ações que visam possibilitar, para uma comunidade, cidade ou região, um desenvolvimento participativo. Assim, o empreendedor social poderá ser, nesse contexto, um agente de transformação da sociedade, ao multiplicar suas ideias em prol do bem comum (DAVID, 2004).

Por meio da metodologia de ensino desenvolvida – que tive a honra de não somente coordenar, mas vivenciar – há uma importante contribuição, penso, no sentido de se formarem empreendedores sociais no ambiente escolar, de forma intensa e inovadora, a partir de recursos motivadores e vivenciais que provoquem nos alunos atitudes criativas, de forma crítica e cidadã. Busca-se promover, com isso, o encontro dos alunos com uma nova realidade, fonte de enfrentamento e de estímulo ao respeito às diferenças e incrementando a participação social no meio discente e docente, o vínculo entre o empreendedorismo social e a educação e a possibilidade de (trans)formar a visão dos alunos para que se tornem sujeitos participativos e empreendedores.

Espero, com isso, que essa metodologia possa contribuir para a (trans)formação de alunos, professores e instituições do terceiro setor, cada dia mais comprometidos com o fim da desordem e da desigualdade social que ainda imperam hoje. Esses caminhos serão apenas orientados por esse roteiro. Caberá a cada professor, a cada aluno, a cada escola, a cada instituição atendida enveredar por esse percurso trazendo seus sonhos, sua história.

Capítulo 1

O empreendedorismo – uma ação que acontece de dentro para fora

1.1 Do empreendedorismo

Pensar em empreender é pensar em experimentar, em tomar decisões, transformar e criar oportunidades para dar nova forma aos pensamentos.

A ideia de empreender e, logo, de praticar o empreendedorismo tem sido tema de debate constante no meio acadêmico e empresarial. Entender por que esse tema tem sido tão explorado por pesquisadores, curiosos e idealistas é fundamental à discussão que aqui proponho.

Afinal, do que se trata o empreendedorismo: arte, ciência, criatividade, sorte, negócios? Para encontrar essa resposta, é importante fazer, a princípio, uma identificação da realidade atual, já que o conceito de empreendedorismo existe há muito tempo, vem sendo usado de diferentes formas e ganhou popularidade nos últimos tempos com áreas de descoberta súbita que alteraram a economia.

A sociedade contemporânea vem passando por muitas transformações tecnológicas, sociais e comportamentais. A velocidade das mudanças em toda a sociedade – principalmente no que diz respeito aos negócios – exige novos profissionais, que tenham atitudes arrojadas, inovadoras e apresentem bastante agilidade nas respostas a um ambiente cada dia mais competitivo. Assim, o empreendedorismo de hoje tem a ver fundamentalmente com o processo de inovação (SARKAR, 2008, p. 14).

O fenômeno da globalização trouxe o acirramento da concorrência, a redução de empregos formais e um considerável aumento de pequenas empresas e a fusão/incorporação de grandes organizações. Dessa forma, o profissional desejado pelas empresas para despontar, nesta nova realidade, é aquele que consegue encontrar soluções, de forma criativa, para as mais diversas circunstâncias impostas por uma realidade social mais competitiva.

Empresas passam a incluir virtudes empreendedoras em sua lista de competências e inauguram, com isso, "um novo modelo de socialização e qualificação para o trabalhador assalariado" (GUIMARÃES; SIQUEIRA, 2007, p. 4), o que faz com que as habilidades para empreender sejam também parte do "perfil do trabalhador empregável" (GUIMARÃES; SIQUEIRA, 2007, p. 4).

É nesse contexto que aumentam a necessidade e a urgência de se encontrar profissionais com o chamado "espírito empreendedor", dotados de características singulares – as quais serão apontadas no decorrer deste estudo – que os fazem capazes não só de sobreviver nesse ambiente competitivo, mas ainda de se sobressair, rompendo barreiras comerciais e culturais, velhos paradigmas, e gerando riquezas para a sociedade.

Para Sarkar (2008, p. 14), o mundo de hoje está "feito" para os empreendedores, com o desenvolvimento das tecnologias, a globalização e a rede de comunicações. O que os empreendedores fazem é aproveitar oportunidades, por vezes pequenas, que podem ser criadas pelo fato de que hoje, em um mundo onde as coisas mudam tão rapidamente, onde os desejos e necessidades dos consumidores têm sido cada vez mais voláteis, produtos e serviços abrem espaços, lacunas, "vazios" também rapidamente. Se, por um lado, esse processo promove certa obsolescência, por outro, cria novos espaços para o processo criativo. É o que Shumpeter – que posteriormente será discutido no item dedicado aos que pensam o empreendedorismo – chama de "processo de destruição criativa".

É importante ressaltar também as transformações nas relações de trabalho e, por consequência, as mudanças de gestão empresarial que se baseiam em princípios como a participação dos empregados nas decisões, autonomia e, principalmente, no debate entre todos os grupos envolvidos nos negócios da empresa – os chamados *stakeholders*.[4] É possível aqui afirmar que cada uma dessas alterações – tecnológicas, sociais, mercadológicas e comportamentais – pode ser caracterizada como inovação ou a principal ferramenta do empreendedor, sua possibilidade de transformar oportunidades em negócios e/ou serviços diferentes (DRUCKER, 1987). Para obter sucesso, caberá ao empreendedor buscar constantemente fontes de inovação, identificando-as e colocando-as em prática (DRUCKER, 1987, p. 25).

---

[4] O termo inglês designa uma pessoa, grupo ou entidade com legítimos interesses nas ações e no desempenho de uma organização. Suas decisões e atuações podem afetar, direta ou indiretamente, essa organização. Estão incluídos nos *stakeholders* os funcionários, gestores, proprietários, fornecedores, clientes, credores, Estado, considerado como entidade fiscal e reguladora, sindicatos e diversas outras pessoas ou entidades que se relacionam com a empresa. **Fonte:** MITCHEL,Ronald K.; AGLE, Bradley R.; WOOD, Donna J. *Toward a Theory of Stakeholder Identification and Salience.* Disponível em ‹http://www.knoow.net/cienceconempr/gestao/stakeholder.htm›. Acesso em: 07 mar. 2010.

Diante disso, pode-se compreender com mais facilidade o porquê dessa ampliação do espaço de discussão acerca do empreendedorismo. As modificações na concepção de trabalho – que, no mundo industrial, reportava-se ao emprego formal – têm contribuído para maior valorização da habilidade empreendedora, o que tem se traduzido no aumento das opções financeiras e técnicas que apoiam essa tendência.

O interesse no processo de empreender é explicado, principalmente, pelo fato de o empreendedor ser identificado como um dos motivos do "crescimento e desenvolvimento econômico da sociedade", já que tem gerado riquezas e inovações "de todos os tipos nas organizações contemporâneas" (DAVID, 2004, p. 15).

Mas entender o que é empreendedorismo é também decifrar o empreendedor. É perceber suas atitudes, comumente marcadas por enxergar oportunidades onde os outros só veem problemas, identificando tendências e inovando produtos e serviços.

Comunidades, cidades, regiões e países podem ser a ele relacionados. Empreendedorismo implicaria, portanto, a ideia de sustentabilidade. Assim, segundo esse entendimento, o empreendedor é aquele que gera valor positivo para a coletividade, inclusive para o meio ambiente (DOLABELA, 2006, p. 26).

Embora seja defendida neste trabalho a ideia do empreendedorismo como ação, como prática, o processo de empreender também pode ser compreendido, num sentido mais amplo, como uma forma de ser, o que é exemplificado nos versos de Serra do Luar, de Walter Franco, cantados por Leila Pinheiro:[5] "viver é afinar o instrumento / de dentro pra fora, de

[5] **Música:** Serra do Luar; **Artista:** Leila Pinheiro; **Álbum:** Outras Caras.

fora pra dentro / a toda hora, a todo o momento / de dentro pra fora, de fora pra dentro". Com isso, é possível explicar o empreendedorismo como forma não só de ação, mas também de transformação, entendendo que cada um desses verbos deve ser vivido, experimentado e sentido para caracterizar-se como uma atitude empreendedora.

O "fora e o dentro" sentido pelo empreendedor tem a ver com a sua sintonia interna e externa para tomar decisões e agir. Ou seja, estão internamente as suas ideias e desejos e, externamente, sua realidade social, política, cultural e econômica. O empreendedor vai experimentando essas sensações internas e externas por meio das oportunidades e dos limites que vão aparecendo no seu caminho. A forma de lidar com essas oportunidades e limites é que diferencia o sujeito empreendedor. É, portanto, a base do empreendedorismo.

1.2 O conceito de empreendedorismo em sua origem

"Empreendedor" vem da palavra francesa *entreprenneur*. A versão em inglês dada para empreendedor foi o termo *entrepreneurship*, que quer dizer "prática de empreender". *Entrepreneurship* é a palavra mais comumente utilizada para indicar pesquisas, atividades, origens e tudo o mais que diz respeito ao estudo e à prática do empreendedorismo.

No francês arcaico, o verbo *emprendre* aproximava-se do latim, do português moderno e, ainda, de outras línguas neolatinas, como o italiano (*imprendere*), o provençal (*emprendre*), o catalão (*empendre*) e o espanhol (*emprender*). O substantivo *empreendedor* apareceu pela primeira vez em texto escrito na língua portuguesa em 1563, no livro *Imagem da Vida Christam ordenada per diálogos como membros de sua composiçam; Compostos per Frey Hector Pinto, frade Ieronymo* (GOMES, 2007, p. 3).

Vérin,[6] ao estudar o desenvolvimento do termo *entrepreneur* na história, aponta que, no século XII, *entrepreneur* era usado para referir-se "aquele que incentiva brigas" (VÉRIN, 1982 *apud* FILION, 1999). Já no século XVII referia-se a uma pessoa que tomava a responsabilidade e dirigia uma ação militar. No final daquele século, o termo foi usado para designar a pessoa que "criava e conduzia projetos" (1982, p. 33) ou "criava e conduzia empreendimentos" (182, p. 33). Já na época de Cantillon[7],

> A ideia do risco que o empreendedor corre em suas atividades surge no início do século XVIII quando o termo *entrepreneur* designava um sujeito que identificava uma oportunidade de negócio ao assumir o risco de encontrar uma matéria-prima, modificá-la e comercializá-la. (FILION, 1999, p. 18)

O termo "empreendedor" também foi utilizado, na idade média, para homens pertencentes à igreja, responsáveis pela produção de obras de construções como prédios públicos e catedrais, embora essas pessoas não assumissem grandes riscos, já que apenas gerenciavam os projetos por meio de recursos vindos do governo do país (DORNELAS, 2001, p. 27).

Fica clara aqui a diferença entre "empreendedorismo" e "empreendimento". O verdadeiro empreendedor, acima citado como alguém que ameaçava a ordem estabelecida, era de fato um pensador além de seu tempo. Era aquele que idealizava, buscava informações e as transformava em inovações. Infelizmente, quem ganhava o título de empreendedor

---

[6] VÉRIN, H. *Entrepreneurs, entreprises, histoire d'une idée.* Paris: Presses Universitaires de France, 1982.

[7] CANTILLON, R. *Essai sur la nature du commerce en général.* London, Fetcher Gyler, 1755, Also edited en English version, with other material, by Henry Higgs, CB, London, MacMillan, 1931.

era o construtor, erroneamente assim caracterizado, pois apenas levantava edificações. A partir disso, é interessante pensar que, ainda nos dias atuais, as construções imobiliárias – principalmente as de grande porte – são conhecidas como "empreendimentos".

Guimarães e Siqueira, ao falarem do empreendedorismo, apontam que, atualmente, "sua abrangência vai desde o perfil de pessoas com qualidades específicas, passando por valores e comportamentos definidos, até uma postura comprometida com a responsabilidade social" (2007, p. 2). Essa questão será mais explorada, posteriormente, na seção dedicada aos estudos do empreendedorismo social (p. 40).

1.3 Os que pensam o empreendedorismo

Vários autores conceituaram o empreendedorismo e/ou o empreendedor. Sarkar (2008) apresenta, de forma cronológica, o pensamento dos principais autores do empreendedorismo, como é o caso do pioneiro dessa teoria, o economista francês Richard Cantillon, que, no século XVIII, foi "o primeiro responsável pelo aparecimento dessa noção, dando ao empreendedorismo conotação próxima à que se tem hoje" (SARKAR, 2008, p. 20).

Já em 1776, Adam Smith, no seu livro *A riqueza das nações*, referencia os empreendedores como "sendo pessoas que reagem às alterações das economias, sendo agentes econômicos que transformam a procura em oferta" (SMITH, 1803 *apud* SARKAR, 2008, p. 21). Jean Baptista Say,[8] em 1803, diz que "o empreendedor é o agente que transfere

[8] SAY, J.B. (1803) *Traité d'économie politique, ou simple exposition de La manière dont se forment, se distribuent ET se consomment les richesses.* Paris: Deterville. Disponível em: <http://gallica.bnf.fr/scripts/ConsultationTout,exe?O=N005672&E=0>. Acesso em: 02 jan. 2010.

recursos econômicos de um setor de produtividade mais baixa para um setor de produtividade mais elevada e de maior rendimento" (SAY, 1803 *apud* SARKAR, 2008, p. 21).

Em 1848, John Stuart Mill[9] menciona que o empreendedorismo está ligado às fundações da empresa privada e que o "empreendedor é uma pessoa que corre riscos e toma decisões, gerindo recursos limitados para o lançamento de novos negócios" (MILL, 1848 *apud* SARKAR, 2008, p. 21). Depois disso, em 1871, Carl Menger,[10] em *Principles of Economics*, afirma que o "empreendedor é quem transforma recursos em produtos e serviços úteis, criando oportunidades para fomentar o crescimento industrial" (MENGER, 1871 *apud* SARKAR, 2008, p. 22).

Num outro momento, já em 1921, Knight[11] aponta a diferença entre os empreendedores e os outros indivíduos da sociedade, associando aos empreendedores "competências e capacidades que lhes permitem proceder a análises mais bem informadas das realidades, preparando-os para assumir riscos em situações de incerteza" (KNIGHT, 1921 *apud* SARKAR, 2008, p. 22).

Após a Primeira Guerra Mundial, um economista austríaco que se transferiu para a Universidade de Harvard, nos EUA, revolucionou os conceitos acerca do empreendedorismo. Até hoje uma referência, Joseph Schumpeter[12] – autor com quem comungo a forma de pensar sobre o que é o empreendedorismo – afirmou que o desenvolvimento

---

[9] MILL, J. S. *The Principles of Political Economy: with some of their applications to social philosophy*. 1848.

[10] MENGER, C. *Principles of Economics*. Traduzido por J. Dingwall e B. E. Hoselitz. New York University Press, 1871.

[11] KNIGHT, F. *Risk, Uncertainty, anda Profit*. New York: Augustus Kelly, 1921.

[12] SCHUMPETER, J. A. Der untermehmer. *In*: ELSTER, LUDWIG *et al. Handwprterbuch der staatswissesnschaften*.4. ed. Jena, 1928. p. 483.

econômico fundamenta-se nas inovações tecnológicas, no crédito bancário e no empresário inovador, sendo esse "empresário inovador" um sujeito capaz de empreender um novo negócio, mesmo sem ser dono do capital.

Schumpeter classifica como "ser iluminado", de "espírito livre e aventureiro" que aproveita as mudanças ofertadas pela tecnologia e, por meio de sua inovação, transforma o mercado, a sociedade e a economia, gerando mais crescimento. Shumpeter acreditava ainda que a maior motivação do empreendedor não era o lucro, mas o sonho e a vontade de conquistar, a satisfação em criar e o entusiasmo em provar sua superioridade (MENEZES, 2003, p. 1).

O chamado pensamento schumpeteriano foi e vem sendo seguido por vários autores e estudiosos, como foi o caso do psicólogo David McClelland[13] e do "pai da economia moderna", Peter Drucker – a quem também sigo, teoricamente, na formação do conceito de empreendedorismo e na formulação deste trabalho.

Os dois autores, ao escreverem suas ideias acerca do empreendedorismo, apontaram perspectivas psicológicas e comportamentais do indivíduo envolvido nesse processo. McClelland identificou nos empreendedores um elemento que ele chama de "motivação da realização ou impulso para melhorar". McClelland diz que as principais características do empreendedor são: iniciativa, comprometimento, persistência, incessante busca de informações, planejamento, redes de contato e autoconfiança (GOMES, 2000, p. 3).

---

[13] McCLELLAND, D. C. Entrepreneurship and achievement motivation: approaches to the science of socio-economic development. In: LENGYEL, P. (ed.). Paris: UNESCO, 1971.

1.4 O empreendedorismo e as transformações do mundo do trabalho

Como foi dito no início deste capítulo, as transformações sociais, políticas, tecnológicas e de trabalho estão intrinsecamente ligadas ao conceito e à evolução do empreendedorismo em todo o mundo. Grandes mudanças macrossociais possibilitaram a ampliação dos estudos e do conceito de empreendedorismo. As formas alternativas de trabalho e a busca por processos inovadores que surgiram no pós-fordismo promoveram "formas alternativas de inserção nas atividades produtivas" (SIQUEIRA; GUIMARÃES, 2007, p. 4).

Dois dos principais fatores que apontam para essa transformação e, logo, para o fortalecimento do empreendedorismo como forma de inovar e responder aos maiores desafios impostos pelo chamado mercado de trabalho são:

> a) Desemprego – e a necessidade de partir para uma nova forma de geração de renda: nesse caso, acontece uma espécie de "conversão", pois aqueles trabalhadores melhor qualificados transformam-se em trabalhadores autônomos, microempresários de sucesso que põem em prática a ideia de ascender socialmente a partir do momento em que se tornam donos do próprio negócio;
>
> b) Novos atributos exigidos aos empregados formais: os quais levam trabalhadores a criarem estratégias de sobrevivência nesse novo mercado. (SIQUEIRA; GUIMARÃES, 2007, p. 3)

Diante disso, percebo que o empreendedorismo não é uma alternativa milagrosa de trabalho, mas sim uma nova forma de viver as mudanças tão rápidas e tão radicais no atual cenário da geração de emprego e renda, uma forma mais inovadora, flexível, autônoma e criativa.

1.5 Empreendedorismo: a evolução do conceito e o nascimento de novas vertentes

Como apontado anteriormente, as discussões acerca do empreendedorismo, seus conceitos e significações têm crescido a cada dia. Ao termo são acrescidos novos valores e novas concepções. Além das mais conhecidas – e que são as que me interessa discutir nesta pesquisa, empreendedorismo social e intraempreendedorismo ou empreendedorismo corporativo –, podem ser destacadas, segundo Sarkar (2008, p. 27), as seguintes vertentes: empreendedorismo por necessidade, ético, de capital, eletrônico, familiar, comunitário, municipal, estatal, local, na terceira idade, em jovens.

Talvez por ser um termo em voga, o empreendedorismo vem ganhando uma série de denominações e supostas vertentes. Entendo esse processo como uma apropriação do termo – devida ou não – vista também, por exemplo, no *marketing*, que hoje tem suas vertentes social, esportiva, cultural, interna etc.

No que se refere aos pensadores atuais do empreendedorismo, apresento aqui dois autores que são, a meu ver, os mais coerentes com este trabalho. São eles: Jacques Filion, que afirma que o empreendedor cria, desenvolve e realiza visões (FILION, 1999); e Soumodip Sarkar, que declara que empreendedorismo pode ser considerado simplesmente uma forma melhor de fazer algo (SARKAR, 2008).

Comungo da teoria desses pensadores, pois, a partir dessas ideias, conduzo o trabalho junto aos alunos da agência experimental. Meu trabalho como educadora baseia-se na percepção de que o aluno – independentemente de sua realidade social, política, econômica, cultural, familiar, empregatícia – pode ser um sujeito criativo, capaz de desenvolver inovações pautadas na cidadania, no bem-estar coletivo e na cooperação.

Percebo que aqui está exatamente a problemática deste estudo: os limites e as descobertas do empreendedor, os anseios e as inibições. O que aponto nesta discussão é a base de teóricos como Jacques Filion (1999), que afirma que qualquer pessoa pode empreender, seja esse alguém dotado de talentos natos, seja alguém disposto a aprender a empreender.

1.6 O sujeito empreendedor: uma atitude e um "sonho possível"

Para reconhecer uma pessoa empreendedora, é imprescindível observar suas atitudes, seu comportamento. O empreendedor é reconhecido por seus atos e seu perfil. São geralmente inovadores, entusiasmados e encantados diante de seus objetivos e ideias.

São considerados empreendedores, além daqueles que abrem um grande negócio, os que desenvolvem pequenos negócios e criam emprego, renda, "contribuindo para o desenvolvimento social" (SIQUEIRA; GUIMARÃES, 2007, p. 3).

As características e habilidades desse sujeito são muito peculiares. Vários autores apontam uma série delas. Dornelas (2005, p. 39) descreve três principais:

a) Iniciativa para criar novos negócios e paixão pelo que faz.
b) Utilização de recursos disponíveis de forma criativa transformando o ambiente social e econômico onde vive.
c) Aceitação de assumir riscos calculados e a possibilidade de fracassar.

Bolson (2003, p. 72) aponta que é imprescindível ao empreendedor a busca pelo autoconhecimento, pois somente assim conhecerá melhor seus objetivos, suas afinidades em relação às suas ideias, convicções. Mas a ideia de autoconhecer-se não é, para Bolson, uma tarefa fácil.

Se o autoconhecimento é tão importante para o empreendedor, é fundamental exercitá-lo. Assim, são definidas quais habilidades empreendedoras o sujeito possui ou, ainda, quais gostaria de possuir.

Para esse tipo de exercício, a regra é tentar não estabelecer muitos julgamentos em relação a si mesmo, nem em relação aos outros ou ao mundo em que se vive, tentando, ainda, não usar de artifícios como a culpa e o medo de errar. Tampouco se deve usar as artimanhas da vaidade excessiva de apenas perceber aquilo que se acredita ser bom.

O mais importante nesse exercício é se conhecer ou, ainda, voltar a prestar atenção em si mesmo: seus sinais, seus desejos, suas habilidades, seus defeitos, seus sonhos. Até porque muitos empreendedores acreditam que não o são. Isso porque a família ou a escola, de alguma forma, inibem-no no sentido de seguir esse caminho. Não de forma intencional, mas de forma a fazê-lo crescer dentro dos padrões que costumam ser estabelecidos. Quem nunca ouviu contar sobre alguém que não gosta de desenhar, de escrever, de fazer exercícios de cálculo por causa da crítica de um professor? Há ainda aquelas situações em que a família decide qual a melhor carreira para os filhos. Dessa forma, muitos empreendedores potenciais deixam de lado promissoras carreiras.

E, como os seres humanos são absolutamente adaptáveis ao meio em que vivem, acabam por esquecer dos seus desejos, sonhos e até mesmo dos seus talentos, que, às vezes, ficam escondidos.

Para Paulo Freire (2001), em sua *Pedagogia dos Sonhos Possíveis*, sonhar significa

> Imaginar horizontes de possibilidades; sonhar coletivamente é assumir a luta pela construção das condições de possibilidade. A capacidade de sonhar coletivamente, quando assumida na opção pela vivência da radicalidade de um sonho comum, constitui atitude de formação que orienta-se não apenas por acreditar que as

> situações-limite podem ser modificadas, mas fundamentalmente, por acreditar que essa mudança se constrói constante e coletivamente no exercício crítico de desvelamento dos temas-problemas sociais que as condicionam. O ato de sonhar coletivamente, na dialeticidade da denúncia e do anúncio e na assunção do compromisso com a construção dessa superação, carrega em si um importante potencial (trans)formador que produz e é produzido pelo inédito viável, visto que o impossível se faz transitório na medida em que assumimos coletivamente a autoria dos sonhos possíveis (FREIRE, 2001, p. 30).

E, como é comum nos textos do autor, Freire propõe, a partir da prática educativa, (trans)formar uma geração de alunos que tenham nítida percepção do contexto social, político, tecnológico da realidade excludente e, ainda, da possibilidade de gerar mudanças por meio de ações coletivas, conscientes, transformadoras.

Freire explica que a pedagogia dos sonhos possíveis é uma pedagogia da conscientização, que propõe trabalhar "a constituição de uma atitude crítica de formação que concebe a distância entre o sonhado e o realizado como um espaço a ser ocupado pelo ato criador". Esse espaço de criação deve ser assumido coletivamente, abrindo possibilidades para a consolidação de propostas transformadoras (FREIRE, 2001, p. 30).

Na minha experiência como docente, tem sido comum ouvir dos alunos queixas quando convidados ao exercício da criatividade. Muitos tendem a achar que o exercício da criatividade não é fácil, que não é para todos e que somente profissionais, como artistas, publicitários e *designers*, por exemplo, podem exercê-la.

Essa ideia é um mito. A criatividade é algo inerente ao ser humano. A criatividade, às vezes, é forçada a se esconder porque fomos, de alguma forma, tolhidos para seu exercício. Retomar o processo criativo pode ser um exercício difícil no começo, mas, depois de iniciado – segundo os próprios alunos que antes queixavam das dificuldades –, pode se dar de modo contínuo.

Esse estímulo, essa vontade de empreender é vista nas salas de aula em decorrência da autodescoberta desse aluno em relação às suas possibilidades de inovação. Novamente coloco como ponto de discussão o fato de que, embora os educadores em empreendedorismo tentem estimular seus alunos a essa experimentação, é preciso alertá-los também quanto ao fato de que as limitações continuarão a acontecer: seja por meio da empresa em que trabalham, seja por meio das escolas pelas quais passam, seja por meio de sua família ou amigos. O sujeito que se (trans)forma em empreendedor e descobre seus talentos e estímulos pessoais e/ou sociais acaba aprendendo a lidar com as novas formas de inibição. Volto a dizer que esse é o diferencial daquele que, de fato, será um empreendedor: um sujeito criativo, atento ao ambiente na busca de novas oportunidades de negócios, imaginando, desenvolvendo e realizando visões (FILION, 1999, p. 19).

No que tange ao empreendedorismo, o processo criativo não é válido somente para desenhos, poesias, músicas ou comerciais de TV. Cada ato inovador, ideia, palpite, rabisco é considerado criação. É desse começo, dessa iniciativa que podem nascer grandes ideias. Mas, para ter ideias e empreender, é preciso abrir a mente para receber novas informações de modo a explorá-las, decodificá-las e fazer delas possíveis oportunidades de estímulo a ideias e inovações.

Então, a ideia é começar ou recomeçar. É vivenciar, experimentar, empreender. Abrir a mente para o novo, sem tanto medo de errar. É ser espontâneo e, simplesmente, criar. Empreendedores desejam aprender sempre, e essa aprendizagem, fruto de possibilidades para suas ideias/seus negócios, pode vir de sua prática, de dados jornalísticos, em cursos, de amigos ou pessoas que podem contribuir com informações novas (DORNELAS, 2005, p. 33).

É com base nisso que, posteriormente, será discutido o processo vivido na agência experimental de empreendedorismo social – FORTUNA.

Quando se fala em "correr riscos", é preciso mostrar as condições objetivas dessa ação. O risco de empreender deverá ser calculado. Ou seja, a proposta de arriscar não é baseada em fazer alguma coisa que poderá prejudicar o empreendedor. O risco calculado é aquele que o empreendedor corre pautado em cálculos econômicos e pessoais de forma a, caso a ideia não se concretize, o prejuízo não ser total. Para tanto, evitam-se riscos desnecessários, compartilha-se o risco com outros e divide-se o risco em "partes menores" (DORNELAS, 2005).

Além da criatividade, outro ponto fundamental no perfil do empreendedor é a inovação, considerada como seu grande diferencial e seu principal instrumento de trabalho. Para Druker, a inovação é "o ato que contempla os recursos com a nova capacidade de criar riquezas", sendo que "não existe algo chamado de recurso até que o homem encontre uso para alguma coisa na natureza, e assim o dote de valor econômico" (DRUKER, 1987, p. 39).

O que é importante dizer é que, assim como há uma série de mitos em torno da criatividade, também há outros tantos em relação à inovação. Muitas vezes, tende-se a acreditar que inovar é somente criar algo totalmente novo, inigualável. E não é bem assim. O significado da palavra "inovação" é "ato ou efeito de inovar", mas também "renovação". E renovar, refazer pode ser tão instigante e desafiador como criar algo totalmente inédito.

Por exemplo, um restaurante. Há muitos, não?! Então, será que não se pode ser um empreendedor, um inovador ao se pensar em abrir um restaurante? Bem, se o restaurante for como os outros, de fato não haverá inovação. Mas, se a ideia for renovar o que já existe, criando um estabelecimento com diferenciais, aí, sim, certamente haverá a prática da inovação.

E criar, inovar, faz parte das necessidades humanas, é o que faz o empreendedor buscar conhecimento para inovar. É parte do que o move (DAVID, 2004, p. 31). É imprescindível lembrar que esses desejos, sonhos e motivações são criados pela sociedade em que está inserido o empreendedor. Há que se levar em conta os aspectos sociais como as informações recebidas (pela família, pelos amigos, pela comunidade) e a influência social que essas informações exercerão no empreendedor. Este, por meio de seu capital intelectual, sua criatividade, gera valores para a sociedade e, consequentemente, melhora a vida das pessoas (DORNELAS, 2005, p. 34).

Outro aspecto de suma importância para o desenvolvimento do perfil empreendedor – alguém que encontra oportunidades e as transforma – é a informação. Entender o contexto econômico, político e social em que se está inserido é quase uma obrigação para aqueles que querem empreender e investir em novas ideias. Para um empreendedor, é imprescindível ser bem informado, pois a "informação é a base de novas ideias" (DORNELAS, 2005, p. 59).

Ainda em relação à discussão acerca da importância da informação, desmistifica-se a ideia de que o único local para encontrar boa informação é a escola. As informações estão em diversos locais e devem ser aproveitadas. Claro, o ambiente escolar é um dos ótimos locais para esse encontro, mas há também os teatros, museus, os eventos, como feiras e exposições, as viagens (de passeio ou de negócios), as horas de lazer (encontros com amigos, festas), as experiências no trabalho, a

TV, a internet, a leitura (de jornais, revistas e livros) e a própria pesquisa científica.

Em cada uma das vivências apontadas acima, as oportunidades podem aparecer para o empreendedor, e daí decorre outro importante exercício, essencial aos empreendedores: o olhar. Enxergar além é olhar, é observar cada coisa, cada pessoa de forma sensível, apurada, detalhada. Mas esse olhar não ocorre magicamente. "Um empreendedor imagina, desenvolve e realiza visões (FILION, 1999, p. 19)". Sem tantos preconceitos, receios ou amarras – que, mais tarde, no Capítulo 5 (p. 101), apontarei na iniciativa da FORTUNA – consegue perceber os problemas ou lacunas da sociedade para encontrar soluções inovadoras.

1.7 Empreendedorismo social: oportunidade de mudança, desenvolvimento social e sustentabilidade

Como este trabalho apresenta uma iniciativa ligada ao empreendedorismo social, é fundamental conceituar essa nova vertente do empreendedorismo que alia "práticas de mercado e a visão empresarial com o desenvolvimento humano, propondo soluções para os problemas sociais" (DAVID, 2004, p. 17).

O contexto de surgimento do empreendedorismo social é marcado principalmente pela ampla divulgação do conceito de empreendedorismo empresarial clássico. Além disso, fatores como o fenômeno da globalização – que trouxeram ao mesmo tempo a inclusão planetária e a exclusão da maioria, a crise das perspectivas clássicas de esquerda, a necessidade de mudanças no cotidiano, as questões sociais – não são a única responsabilidade do poder público ou da caridade, mas também: as preocupações sociais e ambientais partilhadas por diferentes segmentos da sociedade; o neoliberalismo, com seu Estado mínimo e o crescimento do terceiro setor; a profissionalização do terceiro setor e a preocupação com uma gestão eficiente de recursos; e, por fim, a ampliação da noção de cidadania, incluindo novos direitos sociais (RIBEIRO, 2009).

O empreendedor social – um indignado diante das desigualdades – é a figura marcante dessa nova vertente. Assim como o empreendedor que desenvolve inovações mercadológicas, o empreendedor social também apresenta características, tais como: criatividade, persistência, ousadia, dinamismo. No entanto, seu objetivo final não se limita à geração de lucro, tendo uma preocupação central nos aspectos e impactos sociais de sua ação. O empreendedor social pode ser caracterizado como aquele indivíduo responsável por transformações sociais, quer sejam essas transformações realizadas no âmbito local, regional, nacional ou mesmo global. São agentes de mudança social que "adotam uma missão de gerar e manter valor social", identificando e buscando novas oportunidades por meio da inovação, do aprendizado contínuo e da ação arrojada independentemente dos recursos disponíveis, de forma transparente com seus parceiros (ROSSONI *et al*, 2007).

De acordo com o site da Ashoka,[14] organização mundial sem fins lucrativos pioneira no trabalho e apoio aos empreendedores sociais, o empreendedor social é visionário, criativo, prático e pragmático. Alguém

[14] A Ashoka é uma organização mundial, sem fins lucrativos, pioneira no campo da inovação social, trabalho e apoio aos empreendedores sociais – pessoas com ideias criativas e inovadoras capazes de provocar transformações com amplo impacto social. Criada em 1980 pelo norte-americano Bill Drayton, a Ashoka teve seu primeiro foco de atuação na Índia. Presente em mais de 60 países, e no Brasil desde 1986, a Ashoka é pioneira na criação do conceito e na caracterização do empreendedorismo social como campo de trabalho. Dados do site da organização disponíveis em: <http:/www.ashoka.org.br>. Acesso em: 15 mar. 2010.

que ultrapassa obstáculos e, com isso, cria mudanças sociais e sistêmicas de forma inovadora, de impacto social positivo na região onde atua.

O empreendedorismo social constitui uma prática, considerada um fenômeno atual, que aponta para a explosão de novas ideias oriundas de pessoas das mais diversas esferas sociais em busca da possibilidade de se criar um lugar melhor para se viver. A evolução humana foi desenvolvida pelo espírito empreendedor de muitos homens e mulheres que encontraram, ao longo do tempo, soluções para necessidades e/ou dificuldades. Agora, como num movimento, o empreendedorismo social surge como um processo criativo que tentará amenizar os problemas sociais, econômicos e ambientais da sociedade contemporânea. Os empreendedores sociais são, nesse novo movimento, agentes da criatividade comunitária (AFONSO; VANZIN, 2007, p. 2) e podem ser considerados tão importantes para uma sociedade quanto os capitalistas para a economia (BORNSTEIN, 2008).[15]

Embora tenha tido um crescimento acentuado, o debate sobre empreendedorismo social, nos últimos 20 anos, ainda é pouco conhecido e, no entanto, é neste novo contexto social, de profundas mudanças no início do século XXI, que inúmeros indivíduos deram nova forma às suas organizações, comunidades, cidades, estados ou no mundo como um todo.

Cada vez mais, o gestor (seja ele o social ou o privado) do século XXI é levado a compreender que, ao incentivar o empreendedorismo social, abre-se caminho para o desenvolvimento do capital intelectual,[16]

---

[15] David Bornstein – jornalista, autor do livro *Como Mudar o Mundo: empreendedores sociais e o poder das novas ideias* – Fonte: revista *Época*, n.427, 2008.

[16] "Thomas Stewart explica que o capital intelectual é a soma dos conhecimentos de todos em uma empresa o que lhe proporciona vantagem competitiva. Ao contrário dos ativos, com os

posicionando-se a organização no mercado do modo mais adequado possível, já que o sucesso dessas estratégias estará diretamente relacionado à capacidade de aprendizagem da organização e do empreendedor (SILVA, 2003, p. 3). Desse modo, o empreendedorismo social apresenta-se como uma forma de criatividade comunitário-coletiva, que pode ser aperfeiçoada pelas estratégias educacionais, pelos recursos das mídias e hipermídias, o que possibilita a multiplicação das ideias geradas (AFONSO; VANZIN, 2000, p. 9).

Importante explicar também que empreendedorismo social é, sem dúvida, oriundo do empreendedorismo empresarial, mas possui objetivos bem diferentes, até porque configura-se como novidade, embora sua essência já exista há tempos se se pensa, por exemplo, em homens como Luther King e Gandhi, trasformadores da história social de sua nação e apontados por especialistas como empreendedores sociais (OLIVEIRA, 2004, p. 1).

O empreendedorismo social pode ter diversos significados. Pode ser tido como um novo paradigma de intervenção social que aponta um novo olhar, uma nova leitura de relação e integração entre os "vários atores e segmentos da sociedade". Pode ser considerado um processo de gestão social formado por uma "cadeia sucessiva e ordenada de

quais empresários e contadores estão familiarizados – propriedade, fábrica, equipamentos, dinheiro – constituem a matéria intelectual: conhecimento, informação, propriedade intelectual, experiência, que pode ser utilizada para gerar riqueza. O capital intelectual é intangível. É o conhecimento da força de trabalho, é o treinamento e a intuição de uma equipe que descobre algo que poderá servir de alavancagem para impulsionar a empresa para o sucesso agregando valores aos produtos mediante a inteligência humana e o capital monetário". **Fonte:** SOUZA; Annecleide Ferreira de; BITTI, Keila Fagundes; DELABELLA, Luciano; MERLIN, Maria da Ajuda Boroto. *Capital intelectual nas organizações na era do conhecimento*. Disponível em: ‹http://www.univen.edu.br/revista/n009/CAPITAL%20INTELECTUAL%20NAS%20ORGANIZA%C7%D5ES%20NA%20ERA%20DO%20CONHECIMENTO.pdf›. Acesso em: 10 mar. 2010.

ações" resumidas em "concepção da ideia/ institucionalização e maturação da ideia/ multiplicação da ideia". Ainda, pode ser uma arte, que possibilita ao empreendedor aplicar, além de suas habilidades e aptidões, os seus dons e talentos, "sua intuição e sensibilidade na elaboração do processo de empreendedorismo social". Também pode ser tido como uma ciência, que se faz valer dos meios técnicos e científicos para "elaborar/planejar e agir sobre a realidade humana e social". Pode ser compreendido, inclusive, como uma nova tecnologia social, com imensa capacidade de inovação no processo de empreender "novas estratégias de ação", o que gera, com isso, "outras ações que afetam profundamente o processo de gestão social", já que não se pretende assistencialista e mantenedor, mas empreendedor, emancipador e transformador. Além disso, pode ser considerado um indutor de auto-organização social, nascido da "articulação e da participação da sociedade para se institucionalizar e apresentar resultados que atendam as reais necessidades da população", pois tem como principal característica a possibilidade da multiplicação da ideia/ação do local para o global. Finalmente, o empreendedorismo pode ser tido como "um sistema dentro do sistema maior que é a sociedade", algo que gera mudanças por meio da interação, da cooperação e do capital social (OLIVEIRA, 2008, p. 170).

O empreendedorismo social, apesar de pouco difundido, já começa a ganhar espaço e valorização em todo o mundo. No Brasil, por exemplo, o Jornal *Folha de São Paulo*, em parceria com a Fundação Schwab,[17] realiza o *Prêmio Empreendedor Social*, um concurso que "busca líderes

[17] A Fundação Schwab é uma organização sem fins lucrativos com sede em Genebra, na Suíça, criada em 1998 por Klaus Schwab, mentor do Fórum Econômico Mundial, e sua mulher, Hilde. A entidade identifica e promove a troca de *know-how* entre empreendedores de destaque, viabilizando o contato deles com grandes patrocinadores internacionais.

de ONGs, cooperativas ou empresas sociais e pessoas que desenvolveram iniciativas inovadoras e sustentáveis para benefício da sociedade".[18] Para a Fundação Schwab, o empreendedor social é alguém (que pode ser pessoa física, jurídica ou atuar no setor privado) que aponta falhas (no setor público ou privado) e, por meio de parcerias e/ou recursos financeiros, põe em prática ideias que trazem mudanças para a sociedade.

Os empreendedores sociais ganham uma nova oportunidade nas corporações globais. Segundo Elkington e Hartigan (2009, p. 2), há três fatores que explicam essa aceitação:

> Primeiro, a inteligência do mercado (esses empreendedores são vistos como barômetros altamente sensíveis à detecção de riscos e oportunidades de mercado). Segundo, a retenção e o desenvolvimento de talentos. E, terceiro, como disse francamente um CEO[19] em uma cúpula recente em Davos: "é bom ser visto como gente que é amada".

Seja qual for a intenção desses empreendedores sociais, eles acabam por apontar novas oportunidades mercadológicas, já que tentam diminuir hiatos entre as populações privilegiadas e as mais pobres (ELKINGTON; HARTIGAN, 2009, p. 3). O empreendedorismo social surge como um paradigma emergente de um novo modelo de desenvolvimento: um desenvolvimento humano, social e sustentável (MELO NETO; FROES, 2002) em que a comunidade autossustentável poderá existir por meio do fomento de ações empreendedoras de cunho social e de novas

---

[18] Disponível em ‹http://www2.uol.com.br/empreendedorsocial/index.shtml›. Acesso em: 05 fev. 2009

[19] Chief Executive Officer (CEO) é o principal executivo, presidente, superintendente ou diretor-geral de uma empresa.

estratégias de inserção social e de sustentabilidade. Essa base social poderá garantir a solidariedade e viabilizar o surgimento de empreendimentos cooperativos, em um processo de transformação da sociedade (FARIA *et al.*, 2004) que se caracterizará pela presença dos seguintes elementos (MELO NETO; FROES, 2002, p. 41):

> a) aumento do nível de conhecimento da comunidade local com relação aos recursos existentes, capacidades e competências disponíveis em seu meio;
>
> b) aumento do nível de consciência da comunidade com relação ao seu próprio desenvolvimento;
>
> c) mudança de valores das pessoas que são sensibilizadas, encorajadas e fortalecidas em sua autoestima;
>
> d) aumento da participação dos membros da comunidade em ações empreendedoras locais;
>
> e) aumento do sentimento de conexão das pessoas com sua cidade, terra e cultura;
>
> f) estímulo ao surgimento de novas ideias que incluem alternativas sustentáveis para o desenvolvimento;
>
> g) transformação da população em proprietária e operadora dos empreendimentos sociais locais;
>
> h) inclusão social da comunidade;
>
> i) melhoria da qualidade de vida dos habitantes.

Em relação ao seu perfil, os empreendedores sociais são aqueles que encontram soluções inovadoras em larga escala para os problemas sociais de forma persistente (SARKAR, 2008, p. 32), o que não quer dizer que, por isso, sejam “a resposta a todas as nossas preces” (ELKINGTON; HARTIGAN, 2009, p. 11), mas uma forma real e positiva de se iniciar os processos de mudança (ELKINGTON; HARTIGAN, 2009, p. 11). Assim como os empreendedores, os empreendedores sociais são sujeitos bastante confiantes, já que entendem que a melhor forma de antever o futuro é criá-lo de forma inovadora por meio de financiamentos e/ou outros recursos (ELKINGTON; HARTIGAN, 2009, p. 14).

Comumente, os empreendedores sociais trabalham em áreas que apresentam "falha parcial ou total no mercado", significando, na maior parte das vezes, uma maior dificuldade em ganhar o mesmo dinheiro que se ganharia em outras áreas da economia. Mas isso não quer dizer, absolutamente, que os empreendedores sociais não se interessem por dinheiro. Como todas as pessoas, eles têm contas a pagar! A diferença é que esses empreendedores têm como prioridade propor ideias que criem valor para os que não são capazes de fazê-lo (ELKINGTON; HARTIGAN, 2009, p. 16).

E é preciso considerar a mudança da sociedade pós-industrial, que passou a preocupar-se com propostas/políticas de desenvolvimento social que minimizem as diferenças entre ricos e pobres, criando, com isso, um novo paradigma de desenvolvimento que prevê melhorar a vida das pessoas que vivem no mundo hoje (desenvolvimento social e humano) e das pessoas que viverão no futuro (desenvolvimento sustentável) (FRANCO, 2000 *apud* FARIA *et al.*, 2004).[20] O que se propõe é diminuir as desigualdades – que geram a exclusão social – por meio da inclusão social e da articulação de conhecimento e poder; renda e riqueza (DE PAULA, 2001 *apud* FARIA *et al.*, p. 2, 2004).[21]

É também com base nesses pensamentos que venho conduzindo o trabalho na FORTUNA – agência experimental de empreendedorismo social –, de forma que os alunos, ao participarem do que se chama de prática social cidadã, podem, ao mesmo tempo, vivenciar um aprendizado

---

[20] FRANCO, Augusto de. *Porque precisamos de Desenvolvimento Local Integrado e Sustentável*. Brasília: MILLENNIM, 2000.

[21] DE PAULA, Juarez. Desenvolvimento e gestão compartilhada. *In*: SILVEIRA, Caio Márcio; REIS,Liliane Costa. *Desenvolvimento Local: dinâmicas e estratégias*. Rio de Janeiro: Comunidade Solidária; Governo Federal; Ritz, 2001.

organizacional e imbuir-se do espírito do social empreendedor, entendendo a necessidade de incluir em seus projetos (na vida acadêmica e, posteriormente, na vida social e profissional) capital natural, social, humano, intelectual e cultural, de forma a multiplicar boas ideias e práticas aos que estão excluídos dos benefícios da economia de mercado (ELKINGTON; HARTIGAN, 2009, p. 22).

São os valores do empreendedorismo e da inovação social que se deseja criar nos alunos e, ainda, nos professores que participaram do projeto da FORTUNA e que poderão participar do projeto por meio da implantação da metodologia de ensino que aqui será proposta, em suas Instituições de Ensino Superiores (IESs). Assim, entende-se que o processo de criar e empreender é de natureza comunitária e "pode ser desenvolvido no incremento de estratégias educacionais" (AFONSO; VANZIN, 2007, p. 02).

1.8 Diferenças entre empreendedor e empreendedor social

No empreendedorismo social propriamente dito, há também uma escassez de estudos acadêmicos que comparem o empreendedor com o empreendedor social. Há, porém, um material desenvolvido por Feger (2004) apontando as diferenças comportamentais entre os empreendedores sociais e os privados. A análise chega à equação de que não há significativas diferenças entre os dois empreendedores (ROSSONI *et al.*, 2007, p. 7).

E, como há certo consenso sobre a atividade e o perfil dos empreendedores – prática de novas ideias, ousadia nos negócios, criatividade, inovação, entre outros –, os empreendedores sociais acabam por compartilhar dessas mesmas características (ELKINGTON; HARTIGAN, 2009, p. 3).

Melo Neto e Froes (2002, p. 11) mostram as possíveis diferenças entre o que classificam como empreendedor privado e empreendedor social. No QUADRO 1, apresentado a seguir, percebe-se também que, em qualquer um dos casos, o empreendedorismo é praticado por pessoas focadas, com metas a cumprir e que visam, além do benefício próprio, o benefício de outrem, seja para satisfazerem a clientes, seja para resgatarem pessoas.

QUADRO 1. **Diferença entre o empreendedor e o empreendedor social**

EMPREENDEDOR PRIVADO	EMPREENDEDOR SOCIAL
É individual	É coletivo
Produz bens e serviços para o mercado	Produz bens e serviços para a comunidade
Tem foco no mercado	Tem foco na busca de soluções para os problemas sociais
Sua medida de desempenho é o lucro	Sua medida de desempenho é o impacto social
Visa satisfazer necessidades dos clientes e ampliar as potencialidades do negócio	Visa resgatar pessoas da situação de risco social e promovê-las

Fonte: MELO NETO; FROES, 2002, p. 11.

Para Farfus *et al.* (2007, p. 122), os empreendedores sociais são os que possibilitam mudanças no setor social de forma arrojada, "tratando a causa do problema e buscando criar visão sistêmica voltada à sustentabilidade da sociedade com o objetivo de promover mudanças por meio de seus empreendimentos".

Como o empreendedorismo vem ganhando mais atenção dos mais diversos grupos da sociedade – além dos empresários, governos, trabalhadores e comunidades –, é preciso pensar e discutir a ampliação de uma qualificação empreendedora (até recentemente associada à qualificação individual). E, assim como ganha atenção o tema empreendedorismo, cada vez mais o empreendedorismo social é reconhecido como processo interativo e cooperativo na promoção da inovação.

Dessa forma, faz-se necessário pensar na formação local de inovação e aprendizado coletivo, fazendo com que pessoas que fazem parte de um local, uma comunidade, compreendam seu grupo, suas diferenças e habilidades e, a partir daí, percebam como farão para promover mudanças inovadoras e necessárias ao seu desenvolvimento econômico e social (ALBAGLI; MACIEL, 2002, p. 2). É exatamente em processos de interação e mudança comunitária que acontece o processo de aprendizagem e construção do capital social, o que possibilita afirmar que, à medida que uma comunidade passa por processos de aprendizado, há mais possibilidade de também passar por significativas mudanças de modo integrado e satisfatório (ALBAGLI; MACIEL, 2002, p. 16).

Incentivar o empreendedorismo social nas escolas, por meio de práticas educativas, pode ser uma chance de (trans)formar novos cidadãos. Uma forma de fazer com que isso se concretize é aproximar os alunos das realidades, do dia a dia de pessoas que empreendem em suas comunidades. É fazer com que esse aluno perceba como se comporta um empreendedor social, identificando suas características, seu perfil, suas competências de forma a estimular o desejo desse aluno de também ser um agente transformador do desenvolvimento sustentável, dando a ele a oportunidade de interagir com histórias de vida diferentes da sua, para, com isso, criar uma nova cultura de empreender socialmente (FARFUS; ROCHA; FERNANDES, 2007, p. 125).

Assim, quando proponho, na iniciativa da agência experimental de empreendedorismo social, que os alunos sigam em busca de soluções para entidades do terceiro setor, a intenção primeira é a de, ao proporcionar esse encontro, promover uma aprendizagem coletiva que possa trazer, para as duas partes (alunos e comunidades atendidas), a possibilidade de mudanças significativas no modo de pensar e entender o desenvolvimento local.

Capítulo 2

A educação empreendedora

2.1 O empreendedor aprendiz

No entendimento de Jacques Filion, "o empreededorismo se aprende", pois o autor considera que é possível conceber programas e cursos que adotem sistemas de aprendizados adaptados à lógica desse campo de estudo, numa abordagem em que o aluno é levado a definir e estruturar contextos e a entender as várias etapas de sua evolução (FILION, 1999, p. 15).

Ocorre que o problema muitas vezes não está no professor, mas na instituição universitária, que deveria ofertar não somente a formação/qualificação profissional, mas também uma educação que forme o aluno para o exercício da cidadania (FILION, 1999). Desse modo, exige-se que o ensino superior contribua sim para o avanço do conhecimento científico e tecnológico, mas, ao mesmo tempo, contemple em suas atividades de pesquisa e extensão ações que se prontifiquem a estudar formas de resolver problemas e demandas da comunidade em seu entorno (MACEDO, 2005, p. 7).

Deve-se sempre considerar que uma instituição de ensino superior precisa comprometer-se em estar a serviço da humanidade para minimizar sofrimentos como a miséria e a fome, por meio da formação de alunos cidadãos, que enxerguem essas mazelas e tentem, por meio de seu conhecimento, compreendê-las e saná-las (TODOROV, 2005, p. 42). Com esse entendimento, é nítido que as estratégias de gestão de um projeto pedagógico devem envolver elementos como a utilização de tecnologias de informação e comunicação na busca de parcerias e recursos que viabilizem a produção de conhecimento e que aprimorem processos de formação e projetos sociais (CARVALHO, 2005, p. 58).

As estratégias de gestão do projeto pedagógico devem estar voltadas para formar empreendedores que aprendam a definir contextos e tomar decisões (FILION, 1999, p. 15), de forma que sua personalidade empreendedora transforme condições insignificantes em oportunidades. É preciso despertar nesse aluno o empreendedor visionário, o sonhador, o criativo, o transformador, aquele "que acende o fogo do futuro", "a energia por trás de toda atividade humana" (GERBER, 1996, p. 31).

Embora haja diversas definições vindas de autores de épocas distintas, o empreendedorismo ainda é um assunto novo, que tem crescido também nas escolas nos últimos tempos. É nesse contexto de afirmação do incremento intelectual, da valorização do conhecimento como gerador de ideias inovadoras e que caracterizam as ações realizadas por empreendedores que se situam, principalmente, as experiências no ensino superior.

Por muito tempo, a educação e/ou formação empreendedora era apenas para os que desejavam entrar no mundo dos negócios próprios, mas, agora, vem tornando-se uma demanda de outras áreas das ciências humanas e administrativas (FILION, 1999, p. 4).

A educação com foco na formação de empreendedores torna-se fundamental diante dos novos desafios impostos pela sociedade, de modo geral, e pelo mercado de trabalho, em particular, o que não significa transformar a sala de aula em espaço de disseminação de uma cultura que imponha a formação de um sujeito "empregável".

> Empregáveis, mercadoria para o emprego? Esta é uma das imagens mais reducionistas dos educandos e dos currículos. É a imagem que mais tem marcado o que ensinamos e privilegiamos em nossa docência. Foi assim que a Lei nº 5692/71 via as crianças, adolescentes e jovens: candidatos a concursos, a vestibulares, ao segmentado mercado de emprego. Esta visão reducionista marcou as décadas de 1970 e 1980 como hegemônica e ainda está presente e persistente na visão que muitas escolas tem de seu papel social e na visão dos alunos como empregáveis é determinante nos formuladores de políticas de currículo. (ARROYO, 2007, p. 24)

Mas como formar alunos com capacidade empreendedora nas universidades? Um dos caminhos mais comuns é a implantação das chamadas agências juniores ou experimentais, espaços em que os alunos, em princípio, vivenciam a experiência mercadológica.

É importante discutir aqui as diferenças entre mercado e emprego, discutir como se dá a preparação dos alunos para o mercado e não somente para o emprego. Justifica-se, portanto, uma das funções da agência FORTUNA como espaço de experimentação múltipla no qual são abordadas realidades mercadológicas com base no empreendedorismo e como parte da visão macro de que precisa um empreendedor, questões inerentes à cidadania e à intervenção sob o espaço em que vive o aluno.

A empresa júnior constitui-se numa organização que está ligada a uma IES e é gerida inteiramente por alunos, em todos os seus aspectos. Os trabalhos efetuados em seu âmbito são supervisionados por professores, e a finalidade principal é estabelecer uma relação entre a teoria e a prática do processo de ensino, além de uma melhor qualificação profissional. Essa organização não visa ao lucro, e seu foco principal é preparar jovens profissionais para o mercado de trabalho (OLIVEIRA, 2004, p. 12).

O Congresso Nacional aprovou, em dezembro de 1996, a Lei de Diretrizes e Bases da Educação (LDB). Esta, em seu artigo 1º, parágrafo 2º, aponta que "a educação escolar deverá vincular-se ao mundo do trabalho e à prática social" (MAYER *et al.*, 2000, p. 2).

A LDB enfatiza a ideia de que se pode desenvolver o potencial social empreendedor dos alunos, reforça projetos como o da FORTUNA, que apontam para a possibilidade de se firmar uma nova sociedade, na qual múltiplas funções interativas, relações e oportunidades se colocam como desafios à criatividade do empreendedor social (AFONSO; VANZIN, 2007, p. 6).

2.2 A educação empreendedora e a filosofia de Martin Buber

O diálogo, segundo Martin Buber (1982, p. 30), é o que possibilita as interações sociais. Na percepção buberiana, é por meio da palavra e do próprio ato de pronunciá-la que o homem pode ser inserido na existência. Buber acredita que o diálogo não se restringe à linguagem falada, pois "a linguagem pode renunciar a toda mediação de sentidos e ainda assim é linguagem" (BUBER, 1982, p. 35).

Buber (1982) afirma que o mundo pode ser duplo para o homem, variando de acordo com sua opção em proferir a palavra-princípio *Eu-Tu* ou *Eu-Isso*. As atitudes que fundamentam o mundo do *Tu* são totalmente diferentes das que fundamentam o mundo do *Isso*. O *Eu-Tu* faz referência a um ato essencial do homem, a uma atitude de encontro entre dois parceiros na reciprocidade e na confirmação mútua que seriam os seres da relação dialógica. Já o *Eu-Isso* representa o mundo experimental, das ideias e dos conceitos, no qual o homem é entendido como ser que se relaciona com o mundo objetivo.

Buber (2004) acredita que o homem só se transforma em humano quando vivencia a relação *Eu-Tu*, que acontece na relação entre os seres, num mundo fundado no diálogo. Essa relação pode acontecer em três diferentes esferas e com diálogos diferentes. São elas: a vida com a natureza – a relação está aquém da linguagem; a vida com os homens – a relação é algo visível e explícito; a vida com os seres espirituais – a relação é silenciosa, mas ainda assim gera a linguagem.

Buber (2004) indica que há três formas de o ser humano perceber as coisas ao seu redor. São elas: observando o objeto – o homem tenta capturar o objeto em seus mínimos detalhes; contemplando o objeto – o homem não está necessariamente preocupado com os detalhes, não tendo qualquer intenção com aquele objeto; relacionando-se com esse objeto – o homem não pode captar o objeto de maneira objetiva, sentindo esse objeto, relacionando-o com sua vida, seu ser. Assim, em cada situação dessa relação, o homem é tocado, podendo modificar-se.

A forma como o homem percebe as coisas é chamada por Buber (1982) de *Tomada de Conhecimento Íntimo*, que é quando a pessoa percebe o outro em sua diferença, sendo o outro único. Assim, segundo o autor, "na tomada de conhecimento íntimo eu me coloco de forma elementar em relação com o outro, portanto quando ele se torna presença para mim" (BUBER, 1982, p. 147). E somente depois disso é que um poderá dirigir a palavra ao outro, podendo dizer Tu.

> Aquilo de que tomo conhecimento íntimo não precisa ser, de forma alguma, um homem; pode ser um animal, uma planta, uma pedra. Nenhuma espécie de fenômeno, nenhuma espécie

> de conhecimento é fundamentalmente excluído do rol das coisas através das quais algo me é dito todas as vezes. Nada pode se recusar a servir de recipiente à palavra. (BUBER, 1982, p. 43)

Nesse encontro, não é necessário que um deva abrir mão do seu jeito, suas opiniões ou peculiaridades. Faz-se necessário apenas que um aceite o outro como um ser que diverge dele nos mais variados aspectos, tornando-se alguém único. O diálogo de Buber (1982) tem como base o respeito mútuo dessas diferenças. E nessas diferenças precisamos incluir a vivência do conflito. Do medo do desconhecido, do pensamento do outro e de como esse conflito pode ou não ser positivo.

Na filosofia do *Eu-Tu*, o afastamento entre o sujeito e o objeto acontece quando o homem extravasa suas sensações físicas e se vê dono de sensações próprias, podendo distinguir-se de seu ambiente.

> (...) o Eu desligado se encontra transformado. Reduzido da plenitude substancial à realidade funcional e unidimensional de um sujeito de experiência e utilização, aborda todo "Isso-em si", apodera-se dele e se associa a ele para formar outra palavra principio. (BUBER, 2004, p. 71)

Ao traçar um paralelo entre a filosofia de Buber e a educação com foco no empreendedorismo e no empreendedorismo social, é possível perceber uma forma humanizada de lidar com as pessoas, estimulando-as a construir suas próprias verdades, crenças, valores, respeitando a si mesmo e ao outro. Principalmente no que tange, especificamente, aos objetivos do projeto educacional da FORTUNA.

Uma formação empreendedora, na perspectiva buberiana, terá como base a formação de um sujeito integral, que perceba o outro de forma dialógica, experimentando e construindo sua visão sobre o mundo. Esse sujeito terá virtudes questionadoras e perceberá que pode ser único, pleno e não mais tentar criar um estereótipo de homem de sucesso ou perfeito a partir de crenças e valores próprios e dos valores da cultura e da sociedade, base para a formação e para a motivação dos desejos individuais.

Na educação empreendedora não há fórmulas prontas ou técnicas específicas, mas sim propostas conjuntas que incentivam o autoconhecimento, o conhecimento do outro e do mundo, e a construção de um sujeito mais atuante, engajado e comprometido com seus propósitos.

Na proposta da FORTUNA – experiência que serviu como base para a construção da metodologia de ensino que será apresentada ao final deste trabalho –, há uma série de atividades baseadas em dinâmicas e vivências. Estas pretendem fazer com que o aluno possa dialogar e se encontrar com ele mesmo, com os colegas, com os professores, com a escola, com a comunidade atendida e, por fim, com a realidade social que o cerca.

Nessa perspectiva, os alunos que integram uma agência experimental de empreendedorismo social podem abordar problemas vividos pelas organizações atendidas e pelas comunidades em que essas instituições estão inseridas, de forma que possam, a princípio, compreender a realidade e, a partir dela, de forma conjunta, propor/criar condições de mudança social.

Capítulo 3

Gestão social

3.1 O atual contexto socioeconômico

Como já foi dito no Capítulo 1 sobre empreendedorismo, o mundo atual está repleto de novas perspectivas sociais, econômicas, políticas, comportamentais e, portanto, acaba exigindo ações diferenciadas das organizações – sejam elas com ou sem fins lucrativos, privadas, públicas ou do terceiro setor – e dos profissionais responsáveis por sua gestão.

Para entender melhor como aconteceram essas transformações, parto da contextualização das empresas na história, contada poeticamente por Rubem Alves,[22] em três fases distintas:

> A filosofia das empresas passou por três fases. A primeira é representada pelo filme Tempos Modernos, de Chaplin – em que a única coisa que interessava às empresas era o lucro: nenhuma preocupação com a vida dos empregados, que eram tratados

---

[22] O artigo original está disponível no site do autor: ‹http://www.rubemalves.com.br/conversacomempresarios.htm.›. Acesso em: 7 mar. 2009.

> como engrenagens de uma máquina; nenhuma preocupação com o meio ambiente, que podia ser degradado impunemente. É a empresa "máquina". A segunda fase está descrita no livro The Organization-Man, de Whyte Jr. – em que a empresa descobre a importância de que seus empregados se sintam bem dentro dela. Fazem-se todos os esforços no sentido de que eles tenham relações harmoniosas entre si e se identifiquem afetivamente com os interesses da empresa. A empresa deve ser o mundo do empregado e a imaginação do empregado deve estar restrita ao mundo da empresa. É a empresa "família", autossuficiente e fechada em si mesma. A terceira fase, que é a que estamos vivendo no momento, se caracteriza por uma revolução de valores. Se, na primeira e na segunda fase, a empresa olhava para o mundo exterior apenas como "mercado", isto é, lugar do lucro, agora ela olha para o mundo exterior como um espaço de vida de que é preciso cuidar. Às relações comerciais agrega-se agora uma dimensão ética: o cuidado com o meio ambiente, a cultura, a educação, o bem-estar, não só dos empregados, mas de toda a comunidade que a cerca. A empresa se descobre como companheira, junto com outros homens, de um espaço comum que deve ser objeto de cuidado, pois o que está em jogo é a qualidade de vida. É a empresa "cuidadora" ou, se quiserem, numa linguagem poética, empresa "jardineira"... Gosto da imagem da jardinagem como metáfora para essa relação de cuidado com o meio ambiente e com as relações entre as pessoas. Isso quer dizer que, ao lado do motivo financeiro "lucro", as empresas estão trabalhando sob motivos éticos. (ALVES, 2000, p. 1)

O QUADRO 2, a seguir representado, é uma sistematização da fala de Alves:

QUADRO 2. **Contextualizando as empresas na história**

Fase 1: século XVIII – Revolução Industrial	Fase 2: séculos XIX e XX – a fase da empresa família	Fase 3: séculos XX e XXI – a fase da empresa jardineira
O lucro é a maior preocupação do empresário. O empregado é tratado como máquina. Meio ambiente e ações para a comunidade não eram importantes.	A empresa descobre a importância de seus empregados. É a fase da empresa "família" autossuficiente e centrada em si mesma.	A empresa deixa de ver o mundo apenas como mercado. A empresa vê o mundo como espaço de vida que necessita de cuidados. Agregam-se valores éticos às relações comerciais. Meio ambiente, cultura, educação e bem-estar para o empregado e a comunidade que o cerca. "É a empresa jardineira ou cuidadora do mundo"

Fonte: Quadro elaborado pela autora a partir do artigo original de Rubem Alves. Disponível no site do autor: ‹http://www.rubemalves.com.br/conversacomempresarios.htm›. Acesso em: 7 mar. 2009.

Mas esse pensamento de Rubem Alves, embora seja uma tendência, ainda se pauta no desejo de alguns, não sendo considerada uma realidade geral. Transformações pós-revolução industrial, como a concentração humana nas cidades, acarretaram graves problemas sociais e ambientais. E, com a crise do modelo fordista – no final da década de 70 –, novos valores são inseridos no cenário mundial: direitos humanos, democracia, preservação ambiental.

> As principais coordenadas socioeconômicas e culturais que fundamentaram durante mais de meio século a sociedade industrial estão se transformando de maneira profunda e acelerada. A classe social, a indústria fordista, a família tradicional e o estado-nação já são consideradas categorias zumbis. Existem sim, mas se

> desintegram; não estruturam a ordem social emergente, sua força parece esgotar-se com a desorganização do velho mundo do século XX. (CARNEIRO; COSTA, 2004, p. 13)

Com o fenômeno da globalização e a relativização das ideias de "tempo e espaço", surgem novos modelos de gestão, agora mais flexíveis, o que leva a uma nova lógica cultural mais "pluralista e subjetivada, com a consciência mais ampliada dos riscos ecológicos socialmente produzidos" (CARNEIRO; COSTA, 2004, p. 13). Essa perspectiva gera uma discussão conceitual e sugere novas ideias de como trabalhar a gestão das organizações inseridas neste novo cenário.

3.2 A gestão social

Vive-se uma nova realidade mundial. É preciso, pois, compreender como deverá ser a forma de gerenciar as organizações, adaptando-as, agora, a outra realidade. Como lidar com o pensamento estratégico, a capacidade criativa, a percepção e a escolha dos instrumentos de gestão?

Surge a gestão social, um modelo que substitui a gestão tecnocrática e monológica pelo gerenciamento participativo e dialógico. Nesse modelo, as decisões são tomadas de forma coletiva, ouvindo diferentes sujeitos sociais que, no meio em que vivem, têm ciência de sua função como sujeito social e não adjunto, que não somente contribui, elege e trabalha, mas age de forma solidária em sua comunidade (TENÓRIO, 2002, p. 197).

O modelo de gestão tradicional, embora ainda hegemônico, tem dado espaço à gestão social. Na gestão social, a esfera prioritária é a social. Nesse sentido, a gestão social se diferencia da gestão privada, que prioriza a esfera econômico-mercantil. A gestão social, para além do Estado, representa a gestão de necessidades sociais pela própria sociedade, por meio das diversas formas de auto-organização, em maior ou menor articulação com o Estado (que não é substituído).

Assim, mais que comparar a gestão social com as gestões privada ou pública, é preciso identificar na gestão social valores bem vistos na gestão contemporânea como capacidade de mediação entre diferentes visões e interesses, "valorização de diferentes saberes, articulação entre organizações e setores em prol de objetivos compartilhados, em torno de problemas complexos e que afetam" (SCHOMMER, 2010, p. 4).

E o gerente social, responsável por essa nova forma de gestão, deverá estar apto ao debate, às discussões e às negociações com os chamados atores sociais envolvidos no processo organizacional. Pois, em gestão social, o trabalho é "com", é de diagnóstico e de tomada de decisão coletiva. E, mesmo que haja essa compreensão, prevalece ainda um afastamento entre a teoria e a prática. Daí, a importância da formação contínua e crescente de novos gestores sociais.

Se há um novo cenário organizacional e espaço para uma nova gestão – a social –, como preparar o profissional adequado para essa realidade? A formação em gestão social deverá seguir a ideia de articulação entre diferentes saberes por meio de práticas concretas de engajamento e construção coletiva, construindo processos de formação que estimulem a junção dos "saberes acadêmicos e não acadêmicos, multi e interdisciplinares, de diferentes atores, com diferentes histórias, origens e áreas de atuação", não se restringindo aos domínios das escolas (SCHOMMER, 2010, p. 3).

Essa formação pode ter, como ferramenta, *Metodologias não Convencionais de Ensino*, um conceito vindo das práticas de desenvolvimento local em áreas de exclusão, que estimularam reflexões acerca de teorias e métodos da gestão social e da construção de políticas públicas, originando um movimento paralelo de reflexão teórica e observação das práticas (ALVES; MOURA, 2009, p. 1).

Os gestores do futuro deverão adquirir competências por meio de cursos que apresentem metodologias diferenciadas, não tecnicistas, que propiciem conhecimento interativo, valorizando competências reais das pessoas envolvidas, mobilizando a inteligência coletiva, o trabalho em grupo, a análise, a interpretação e a solução participativa de situações-problema e proporcionando, com isso, uma maior percepção do real, por meio de técnicas que incluam recursos das artes como instrumentos que despertam a sensibilidade (ALVES; MOURA, 2009, p. 3).

Com isso, nossos estudantes poderão tornar-se profissionais dotados de uma visão ao mesmo tempo analítica, sensível e intuitiva. Estarão, assim, aptos a propor ações organizacionais coletivas, multiplicando oportunidades de desenvolvimento e cidadania. Nesse contexto, a proposta da prática na Agência Experimental FORTUNA pode ser considerada uma *Metodologia não Convencional* que estimula nos alunos, entre outros aspectos, a formação em gestão social.

O método utilizado segue, em princípio, os passos do planejamento estratégico: análise de situações; definição de diretrizes, ferramentas e ações; realização de avaliação e relatórios. Mas isso acontece por meio da construção de um diagnóstico coletivo, desenvolvido a partir da experimentação do aluno em ouvir, perceber e interagir com a realidade vivida pela instituição-cliente. Com isso, pretende-se contribuir com o desenvolvimento das capacidades dos alunos em: gerenciar conflitos de forma criativa entendendo o conflito como componente inevitável da sociedade; lidar criativamente com essa realidade; alimentar processos de cooperação e (con)vivência com a diversidade para o bem comum; desenvolver a sensibilidade na percepção de contextos, de escuta do outro e de olhares diversos sobre situações diversas; e integrar racionalidades sensorial, intuitiva e intelectiva (ALVES; MOURA, 2009, p. 4).

E o surgimento dos conflitos é positivo, pois, por meio do debate, da discussão, é possível construir o bem comum. A prática da agência experimental é decorrente de uma nova visão paradigmática de vivência com a complexidade da sociedade humana (ALVES; MOURA, 2009, p. 4) por meio da prática de metodologias de ensino não convencionais. E, por isso, proponho, a partir deste trabalho, uma metodologia de ensino formal que possa ser replicada em outras IESs.

Capítulo 4

A metodologia de ensino para implantação de agência experimental de empreendedorismo social

4.1 Uma proposta de educação empreendedora: os objetivos da prática profissional cidadã

Neste Capítulo, será apresentada a metodologia de ensino resultante da sistematização do Projeto da FORTUNA, Agência Experimental de Empreendedorismo Social. Tal metodologia foi desenvolvida e é aplicada na Unatec desde 2006.

Trata-se de uma proposta para a educação empreendedora com foco na gestão social que oferece, entre outros aspectos, o encontro entre os diferentes atores participantes do programa de forma a desenvolverem, juntos, ações sociais.

A metodologia de ensino a que me refiro é resultado de pesquisas, mas também da minha vivência profissional, social e pessoal. Não há como não me envolver e aprender com cada diálogo, com cada depoimento, com cada sentimento aqui explicitado. Renato Reis (2000) coloca muito bem aquilo que sinto ao concluir este trabalho, apresentando a metodologia de ensino, produto desta dissertação. Produto da minha (trans)formação, do meu desejo cada dia maior de ensinar, de aprender, de construir. Sempre com o outro, para o outro, juntos, num caminho a ser descoberto, vivido e empreendido, diariamente. Para o autor:

> Como outros ontem fizeram a história, hoje eu faço a história, nos embates, empates, e desempates de uma luta quotidiana, obstaculizada pelos adversários, por isso mesmo, enfrentando Situações-Problemas-Desafios. Elas são ao mesmo tempo minha dificuldade e minha facilidade, individual e coletiva de buscar sua superação. E assim me desenvolvo. E assim nos desenvolvemos. E assim os caminhos vão sendo feitos: pequenas marcas, pequenos trechos, pequenas estradas, grandes estradas e sucessivamente. Mesmo que quando em vez surja a necessidade de recuar, porque o rio encheu, ou é preciso esperar a tempestade passar, o caminho é retomado. Em idas e vindas ele vai sendo produzido e quanto mais eu o produzo mais eu me transformo. E quanto mais eu me transformo, eu produzo e transformo o próprio caminho. Não Eu. Mas, o nós que está em mim. E o que de mim está no nós, à medida que me transformo, transformando, e o nós, se transformando, me transforma. (REIS, 2000, p. 164)

Esse roteiro de prática profissional cidadã é fruto de um trabalho que se propõe a implementar, nas escolas de ensino superior, caminhos sustentáveis para o estímulo ao empreendedorismo social.

A seguir, apresenta-se o roteiro para implementação de uma Agência Experimental de Empreendedorismo Social, um espaço que tem como objetivo a vivência do empreendedorismo social. De forma coletiva, o programa prevê, entre outros ganhos, a descoberta de novos talentos, o aumento da autoestima e do autoconhecimento de seus participantes.

Desejo que os passos a seguir apontem para a descoberta de novos caminhos na instituição de ensino – diretoria, docentes, discentes e comunidade –, de forma que se possa experimentar novas formas de ensinar e aprender, com respeito e prazer no processo de ensino-aprendizagem no qual se faz essencial "o ato educativo como momento prazeroso, a interação entre o educador e o educando, o respeito aos conhecimentos e valores de quem ensina e quem aprende" (ROUCO; RESENDE, 2003, p. 44).

A intenção desse programa é estimular em seus participantes a gestão criativa, que é "o processo de organizar programas com participação, aprendizagem contínua, trabalho em equipe, democracia e autonomia" (ROUCO; RESENDE, 2003, p. 32). Para isso, a princípio, apresentarei os objetivos da agência.

O objetivo geral desta metodologia de ensino é contribuir para a construção de uma nova realidade docente e discente que vá além das notas e exercícios formais comumente usados nas universidades como forma de avaliação e formação. Para tanto, foram definidos os seguintes objetivos específicos da agência experimental de empreendedorismo social:

- Estimular a criatividade, a inovação, o espírito empreendedor e a cidadania nos alunos.
- (Trans)formar os alunos, em uma perspectiva empreendedora, para atuarem em suas ocupações no mercado, independentemente de sua escolha profissional (dono do próprio negócio, empregado, voluntário...).
- Estimular o encontro e o respeito às diferenças.
- Estabelecer-se na instituição de ensino como uma espécie de laboratório que estimule a descobrir seus talentos, respeitar as diferenças encontradas dentro do grupo a que pertence e na comunidade a ser atendida.

4.2 Envolvimento institucional

Para a consecução do projeto, toda as instâncias da IE devem estar envolvidas, o que inclui a sua diretoria, os coordenadores de curso, os coordenadores do projeto em si e os alunos-monitores.

Se a diretoria da escola de fato entende a importância da agência, será de fundamental importância a sua orientação e participação constantes. É a direção a responsável por responder institucionalmente sobre a agência, tanto interna quanto externamente. Internamente, informando aos coordenadores de curso e a outros diretores e gerentes sobre os passos da agência e seu funcionamento. Externamente, representando a agência em entrevistas para imprensa, em encontros acadêmicos, com a comunidade e com as organizações atendidas.

Já a coordenação dos cursos envolvidos na agência é o elo entre o projeto e a direção. É a coordenação a responsável pela delimitação de verba, de garantia da infraestrutura e material necessários, além de participante na tomada de decisão dos projetos conjuntos do programa. Assim que definido pela coordenação do curso seu desejo em implantar a agência, será necessário incluir o programa em seu projeto pedagógico.

Ao professor coordenador cabe a condução dos trabalhos na agência, sendo ele um intermediador das relações aluno/professor/entidade. Para isso, o professor deverá ter horas de dedicação ao projeto além das já garantidas para o horário de aula. São sugeridas de 4 a 8 horas/aula semanais para coordenar no mínimo um e no máximo dois cursos, com uma turma cada. Caso a agência seja implantada em mais de dois cursos, faz-se necessária a adequação desse horário. Para cada curso a mais, a dedicação aumentaria em 2 horas/aula semanais, completando um máximo de 20 horas semanais.

Nesse período, o professor poderá fazer as intervenções e contatos necessários junto à coordenação de cursos, à diretoria, à assessoria de imprensa, aos alunos, aos professores e às entidades atendidas pela agência. Essa dedicação será também de grande valia para que esse professor encontre oportunidades de divulgação da agência, por exemplo, no processo de socialização do conhecimento, participando de congressos, enviando publicações e tentando financiamentos junto aos órgãos ligados à produção científica.

Finalmente, para contribuir com o trabalho do professor coordenador, é ideal a contratação de um ou dois monitores – dependendo da quantidade de cursos envolvidos na agência. Será necessário um aluno para cada dois cursos envolvidos. Esses monitores seriam alunos da escola e participantes do programa, ou seja, alunos das turmas envolvidas.

Cabe aos monitores o controle da verba, recebimento e arquivamento de documentos, registro do uso de equipamentos, envio e recebimento de *e-mails*, controle dos materiais de apoio necessários ao trabalho. Esses alunos deverão receber bolsa-auxílio de até um salário mínimo por 4 horas diárias de trabalho – 20 horas semanais – e certificado de participação no projeto.

Sugere-se que seja alocada a agência em disciplinas que se propõem ao desenvolvimento de projetos interdisciplinares.

4.3 Verba

É necessário garantir verba suficiente para compra de materiais de escritório, conta de telefone, brindes, impressão de fotos e documentos, evento de boas-vindas e de retorno dos projetos. Como ocorre em relação aos itens anteriores, essa verba dependerá da quantidade de cursos/alunos/entidades envolvidas no programa. Assim, proponho a equação a seguir descrita.

Com uma verba de 4 salários mínimos no semestre, a agência pode garantir:

- até duas turmas com no máximo 40 alunos cada;
- 6 entidades atendidas;
- 1 evento de boas-vindas incluindo um pequeno lanche e brindes para os convidados;
- 1 café para entrega dos trabalhos finais;
- compra de material de escritório;
- impressão de fotos e documentos.

Essa verba deverá ser discutida e acordada entre coordenação do projeto, coordenação de cursos e diretoria. O montante será decidido em função de centros de custo disponíveis na instituição e, ainda, do espaço institucional dedicado à agência pela escola.

4.4 Assessoria de imprensa

Divulgar a agência é contribuir para que se promova sua continuidade, o respeito da comunidade dentro e fora da escola. Para isso, sugerimos que o departamento de comunicação institucional se envolva, junto aos alunos e professores, para que sejam enviados frequentemente materiais informativos sobre os trabalhos realizados na agência.

A temática social, atualmente, tem sido pauta constante nos periódicos nacionais e internacionais. Assim, juntos, alunos, professores e profissionais da comunicação da escola poderão conquistar espaços na mídia e fazer com que a agência tenha reconhecimento.

Em todas as edições, deverá haver um evento que lançará o tema da turma. Mas, no caso da inauguração da agência, há que se fazer um evento maior, convidando imprensa local, representantes de turma dos cursos ofertados na escola, professores e direção, entidades envolvidas na edição, além de representantes da comunidade em que está inserida a escola e instituições cadastradas que podem conhecer o processo da agência.

4.5 Cadastro de instituições

Um cadastro prévio é a possível garantia de um maior comprometimento da organização com os alunos e o projeto. Essa divulgação poderá ser feita por meio dos veículos de comunicação da escola, como *sites* e jornais. Poderão ainda ser enviados convites eletrônicos e/ou malas diretas às diversas entidades sem fins lucrativos da cidade ou de cidades próximas.

Uma vez feito o contato entre escola e organização, deverá ser efetuado o cadastro, contendo os dados da ONG (como telefone, endereço, *e-mail*, responsável), e ainda as suas expectativas quanto ao trabalho dos alunos e suas maiores necessidades e/ou dificuldades de gestão.

4.6 Formação de professores

"Molas mestras" do projeto, os professores é que "dão o tom" na agência. Por ser um projeto interdisciplinar, necessita do total envolvimento dos docentes para o estímulo dos discentes. São esses professores os disseminadores da cultura empreendedora. Assim, a formação de professores para o ensino de empreendedorismo nas mais diversas áreas de conhecimento poderá promover uma educação (trans)formadora de comportamentos, no intuito de despertar características empreendedoras. Para estimular comportamentos empreendedores nos alunos, será preciso uma nova forma de pensar os conteúdos e as formas de transmissão do conhecimento (AIUB, 2002, p. 64).

Se os professores forem disseminar essa cultura, é preciso primeiro que desejem, junto aos alunos, empreender também. Para isso, será necessário estimular esse professor, levando-o a sentir vontade de estimular seus alunos e, de fato, iniciar com eles um diálogo e um processo de novas descobertas. Para tanto, é fundamental um envolvimento interdisciplinar por meio da integração de conteúdos na mesma disciplina numa relação mútua, dialógica entre as várias áreas do conhecimento, transcendendo a especialidade do professor/disciplina ao acolher as contribuições de outras disciplinas, construindo interconexões dos conhecimentos (AIUB, 2002, p. 74).

Devem ser realizados, com frequência, encontros entre os professores e a coordenação da agência e entre os professores e os representantes dos alunos. Essas reuniões devem ter como objetivo construir estímulos conjuntos e tentar garantir sintonia nos discursos e ações. Isso é proceder de forma interdisciplinar, trocando informações, anseios e necessidades.

A formação desse professor a respeito dos passos da agência deverá acontecer num Seminário de Integração e Preparação dos professores e coordenadores de curso a ser realizado anualmente. Nesse seminário, serão apresentadas as regras e as intenções da agência experimental. Nesse espaço, os professores poderão contribuir com suas ideias para o funcionamento da agência. Esse será também um momento oportuno para o encontro e a troca de experiências dos docentes participantes.

4.7 Infraestrutura

Ter um espaço físico para a agência experimental é de suma importância para o processo do envolvimento dos alunos e dos professores com o projeto. Esse local deverá ser deles, durante o tempo de duração do programa. Como se trata de uma agência experimental, a sala escolhida precisa contar com equipamentos que garantam a funcionalidade e a qualidade dos trabalhos que ali serão desenvolvidos.

Computadores com internet e programas para desenvolvimento de textos e de imagens (como *Office*, *CorelDraw* e *Photoshop*) são necessários à consecução do projeto. O número de computadores deverá corresponder ao número de alunos. Em uma turma de até 40 alunos, com seis grupos de cerca de sete alunos cada, é sugerido um número mínimo de sete computadores (um para cada grupo e outro para ser utilizado apenas pela coordenação do projeto, professores e monitores). Esses computadores deverão estar em mesas nas quais o grupo possa se reunir, não sendo ideal o uso de bancadas, mas de espécies de "ilhas", com cadeiras e gavetas.

Além desses espaços, serão necessários uma mesa de reunião, um armário para guardar os materiais de escritório e os materiais ali produzidos, além de um arquivo para armazenar documentos importantes da agência.

É interessante ainda que sejam providenciados para uso específico da agência alguns equipamentos, tais como uma máquina fotográfica digital, uma impressora, um aparelho de fax e uma linha telefônica. O monitor ou monitores do espaço seriam responsáveis por controlar o uso dos equipamentos, bem como as impressões e o telefone, para evitar qualquer tipo de desperdício e abusos.

É preciso trabalhar a intervenção dos alunos e professores no espaço existente. Alternativas para isso são, por exemplo, o uso de murais ou até mesmo de quadros ou, quem sabe, a adoção de uma parede específica da sala, que poderá ser usada como local para pintura, textos e imagens relativas ao tema escolhido em cada turma.

Outra forma de envolver os participantes é fazendo com que eles valorizem esse espaço como seu, cuidando de sua limpeza, organização e cumprimento de tarefas. Uma proposta é um quadro com divisão dessas tarefas, tais como: a organização de arquivos, a periodicidade das informações dos murais, entre outras.

4.8 Escolha de nome e logomarca

Para essa etapa, é interessante realizar um concurso para a escolha do nome e da logomarca da nova agência. Uma comissão julgadora formada por professores e coordenadores – dos cursos a serem envolvidos no projeto – tem a incumbência de escolher o nome e a logomarca mais adequados. O(s) aluno(s) vencedor(es) deverão ser premiados com certificado, fotos para materiais de divulgação interna da escola, como em *sites* e jornais, e ainda ter na sala uma placa que indique sua participação.

Depois de um tempo – no mínimo, dois anos –, a logomarca pode ser revitalizada, ou seja, passar por um processo de modernização, o que é bem comum em grandes marcas como as de refrigerante, produtos de limpeza, mineradoras, entre outras.

4.9 Escolha de missão e valores

A missão de uma organização é a sua razão de ser. E os valores, seus pilares de sustentação. Assim, é de fundamental importância a definição desses dois itens.

Para isso, deverá haver para os alunos, por parte do professor coordenador, uma explicação prévia sobre como construir a missão e os valores. Como tudo na agência, a missão e os valores deverão ser construídos de forma conjunta e, de fato, deverão ser vividos e renovados em todas as suas edições.

4.10 Funcionamento

No projeto que serviu de base para o desenvolvimento da metodologia de ensino ora apresentada, a agência esteve em dois cursos: Comunicação Institucional e Marketing. Nos dois, o projeto seguiu a mesma ordem: construção de diagnóstico seguida de desenvolvimento de planejamento estratégico.

Nos dois cursos, esse modelo foi possível, pois os alunos têm disciplinas que abordam os princípios da gestão. Assim, mesmo que se trabalhe com o foco na gestão social, é interessante manter a agência em cursos que também ofereçam disciplinas que tragam para os debates a gestão e o empreendedorismo em suas vertentes tradicional e social. Os cursos que estudam como produzir diagnóstico e planejamento estratégico também são bem-vindos à participação como está abaixo exemplificado:

O projeto também pode acontecer em cursos que se complementam na mesma área. O primeiro formato sugere a junção de cursos afins, como Marketing e Comunicação, Marketing e Design, Design de Interiores e Arquitetura, Análise e Desenvolvimento de Sistemas e Rede de Computadores, ou pode ocorrer de outras formas que a escola julgar pertinentes.

Outra possibilidade é a junção de vários cursos da instituição envolvidos para atender a uma mesma organização. Para tanto, é sugerida uma divisão do espaço por Núcleos, tais como:

Núcleo de Sustentabilidade e qualidade de vida

- Gestão Ambiental
- Turismo
- Logística
- Design de Interiores
- Arquitetura

Núcleo de Inovação em Produtos e Serviços

- Design Gráfico e de Produtos
- Marketing
- Produção Industrial
- Engenharia de Produção
- Economia

Núcleo de Trabalho e Renda

- Gestão da Qualidade
- Design de Moda e de Produto
- Recursos Humanos

Núcleo de Negócios e Oportunidades

- Gestão Comercial
- Gestão Financeira
- Processos Gerenciais
- Economia
- Administração de Empresas
- Comércio Exterior

Núcleo de Economia Popular

- Gestão Comercial
- Gestão Financeira
- Marketing
- Administração de Empresas
- Logística
- Economia

Núcleo de Inclusão Digital

- Análise e Desenvolvimento de Sistemas
- Rede de Computadores
- Informática

Núcleo de Saúde

- Enfermagem
- Nutrição
- Psicologia
- Gestão Hospitalar

4.11 Tempo de duração e carga horária do projeto

O projeto deverá ter a duração de dois períodos (ou dois semestres). No primeiro, os alunos fazem o contato com a entidade, desenvolvem o diagnóstico e o planejamento estratégico. Na segunda etapa, no semestre seguinte, o grupo deverá ir a campo para auxiliar a instituição na implantação do projeto, trabalhando, inclusive, na captação de recursos para o estabelecimento das propostas.

No projeto já existente, em funcionamento desde 2006, a duração era de apenas um semestre. Nesse período, somente é possível ao aluno fazer um diagnóstico e um planejamento. Para executar a ação ou coordenar as ações propostas nas entidades, esse período é inviável. A ideia da continuidade foi solicitada veementemente pelos alunos, professores e organizações entrevistadas para o desenvolvimento dessa metodologia de ensino.

Assim, a carga horária deverá ser de duas horas semanais com o professor coordenador, e, durante as outras aulas, os outros professores seguem seu plano de ensino dedicando 10% ao projeto interdisciplinar, o que corresponderia a 4 horas/aula nas disciplinas de 40 horas, e 8 horas/aula nas de 80 horas.

4.12 Sorteio dos grupos de trabalho

Em função do objetivo central do projeto – que é o encontro, o lidar com as diferenças –, a metodologia de ensino aqui apresentada prevê que os grupos de trabalho dos alunos sejam sorteados. Numa turma de 30 a 40 alunos, é sugerida a formação de seis grupos, com seis a sete alunos cada.

Essa dinâmica é, a princípio, desconfortável e, por vezes, causa conflitos. Mas, com o tempo, conforme foi avaliado no projeto já existente, o método torna-se eficaz e, até mesmo, prazeroso. Há depoimentos de alunos que confirmam um processo de aprendizagem e de mudança – para melhor – de pensamentos e ações após passarem por essa vivência.

Cabe ao professor coordenador fazer desse momento um tempo de descontração e de primeiro contato com as diferenças. É preciso explicar para os alunos que a ideia de lidar com as diferenças começa exatamente na agência para, depois, sair dela. O resultado dessa estratégia é surpreendente e até mesmo emocionante. É o que Reis (2000, p. 136) chama de amorosidade ou a capacidade de "escutar/ouvir/pensando o outro e falar/pensando, levando em conta o outro que ouve/escuta", mobilizando desejos e necessidades, interesses e emoções "que estão por trás das palavras e do pensamento que se expressam através delas". Assim, tanto aquele que fala quanto aquele que ouve são atravessados por um "saber, poder, sentir" advindo do outro com quem interage, e tal processo de interação faz com que ambos se desenvolvam (REIS, 2000, p. 136).

Nas aulas que antecedem o sorteio, o professor deverá trabalhar com os alunos os temas ligados à gestão social e ao empreendedorismo social mostrando, a partir dessas teorias, como pode ser enriquecedora a experiência de vivenciar as diferenças sociais, culturais, políticas e econômicas. No dia do sorteio, é recomendada uma dinâmica de acolhimento, a da "colcha de retalhos", que será apresentada posteriormente. Aliás, as dinâmicas devem ser aliadas ao processo de desenvolvimento da agência, "a estratégia lúdica é um caminho educativo em constante ampliação e tem como objetivo a solidificação de um laço social democrático que conjuga inovação e solidariedade" (ROUCO; RESENDE, 2003, p. 26). Elas são fundamentais para o entrosamento, o envolvimento entre alunos e professores e, consequentemente, entre os alunos e as entidades atendidas.

4.13 Alunos curingas

Essa é uma forma de valorizar talentos já existentes na turma como os de ilustradores, fotógrafos, *webdesigners*, locutores etc. Estes, como uma carta curinga, poderão contribuir com todos os projetos da turma, independentemente do grupo do qual participam.

Aqui, o que se propõe é o estímulo à realização dessas atividades que não necessariamente fazem parte do currículo do curso. Com isso, os alunos podem enriquecer o seu currículo e fortalecer sua formação. Assim, o que se propõe é um estímulo a essa ação e não uma imposição, já que não há uma bonificação como pontos a mais por participar dessa atividade.

4.14 Escolha das instituições

A escolha das instituições trata-se de um processo que requer cuidado e respeito. A escolha da organização a ser atendida deverá partir dos grupos, já que eles passarão um bom tempo junto à entidade, buscando soluções conjuntas. Esse envolvimento só é possível quando há identificação do grupo com o tema/atividade da ONG. Assim, a imposição de atendimento a determinada organização faz com que seja muito difícil a integração, que deve se dar num processo natural, gradativo – tão singular em projetos dessa natureza.

Como proposto, a escola deve fazer previamente um cadastro das instituições interessadas. O papel do professor será, portanto, o de apenas apresentar aos grupos essas entidades. O cadastro tem o papel de facilitar, mas não o de impor o atendimento. Inclusive, esse cadastro deverá ser dividido por áreas – às quais pertencem as ONGs, por exemplo: meio ambiente, cultura, saúde, geração de renda etc.

4. 15 Carta-contrato

A carta-contrato é um documento que tem a dupla função de explicar à instituição os objetivos da agência e de firmar a parceria do trabalho. A carta tem o propósito de explicitar, cuidadosamente, cada um dos passos e dos produtos que o projeto prevê.

Um documento dessa natureza deve evitar qualquer dúvida ou equívocos quanto à natureza e ao objetivo do programa. No Apêndice 03 (p. 117), segue um modelo da carta utilizada desde 2006 na FORTUNA. Devem ser feitas duas cópias, que serão previamente assinadas pelo professor coordenador e, depois, pelo responsável pela entidade. Outra proposta é a de que seja feito um termo de compromisso que deverá ser assinado pelos alunos. Nesse termo, reitera-se o envolvimento dos estudantes com a organização que escolheram atender.

A carta e o termo de compromisso deverão ser arquivados na escola e tem caráter contratual. Embora haja os modelos, é seguro conferir junto ao departamento jurídico da escola os termos legais dos documentos, em função das regras que regem cada IES.

4.16 Tema por edição

Se um dos propósitos do programa é estimular a integração do aluno ao espaço e ao projeto, relacionando-se ao máximo com seus colegas, professores e entidades atendidas, entendo que cada edição precisa ter a "cara" da turma, sua identidade, seus desejos.

Assim, cada turma que passar pela agência deverá, de forma conjunta, criar um tema que a represente. Esse tema pautará os eventos realizados pela turma, os materiais que serão produzidos e, até mesmo, deverá ser uma espécie de coadjuvante da missão e dos valores da agência.

Para essa construção coletiva, sugere-se um *brainstorm*, ou "chuva de ideias", uma prática comum nas agências de publicidade. Nesse exercício, os alunos devem entender que as ideias, sejam elas quais forem – inclusive as que pareçam absurdas –, poderão ser traduzidas em uma grande descoberta.

Assim, o professor faz o papel de motivador e mediador dessa "chuva de ideias". São palavras, textos, lembranças de filmes, desenhos ou qualquer tipo de manifestação que a turma possa ter. Um bom começo é colocar uma música, um vídeo ou algo que faça com que a turma se sinta "livre" para criar.

4.18 Evento de boas-vindas às organizações

No evento de boas-vindas, que será idealizado a partir do tema escolhido pela turma, o objetivo é acolher os participantes do projeto: alunos, professores, entidades, escola.

Num encontro com a presença de todos esses atores, o propósito é o de apresentar a agência aos que não a conhecem, com uma pequena apresentação oral de um mestre de cerimônias – um aluno escolhido pela turma para esse papel –, a apresentação das ONGs e dos representantes da escola.

Para a realização do evento, os grupos já divididos por sorteio também se responsabilizam pela preparação do encontro. Mais uma vez, tem-se a oportunidade de realizar o processo do diálogo dentro da turma, já que, para preparar o evento, é fundamental o intercâmbio de informações entre os grupos. Novamente, o professor coordenador tem o papel apenas de mediador. Ele não deve intervir de forma a inibir a turma, mas apenas aconselhar ou ponderar sobre as possibilidades e responsabilidades da realização do evento. Para a organização dos grupos, são sugeridos os seguintes temas:

Convidados e convite: Quem irá ao evento (lista de representantes das entidades, alunos, representantes da escola)? Como serão convidados (*e-mail*, telefone)? Um grupo ficará a cargo de listar os convidados e chamar cada um dos indicados.

Decoração e *Buffet*: Se há um tema, ele deverá ser seguido e explicitado na escolha do coquetel e da decoração. Assim, os alunos avaliarão o que irão precisar para garantir essa identificação. Um grupo será o responsável por contatar empresas que servirão o alimento e ainda por gerenciar a verba e dividi-la com os outros grupos. Os alunos deverão preocupar-se com a forma de pagamento, dados para emissão de nota fiscal, local para entrega e armazenamento dos alimentos e bebidas. Por se tratar de uma escola, as bebidas servidas sempre são as não alcoólicas, como sucos e refrigerantes.

Infraestrutura: Um grupo cuidará dos equipamentos necessários à realização do evento, tais como som, máquina fotográfica, móveis necessários – como cadeiras e mesas –, equipamentos para projeção, material necessário para o suporte ao trabalho dos outros grupos, além de definir quem fará o registro fotográfico e o local ideal para o encontro.

Cerimonial: Esse grupo deverá cuidar de escrever a pauta e roteiro do evento, falas, enfim, toda a organização do encontro, desde a emissão de convites e recepção dos convidados até a definição de horários.

4.19 Visita à organização – Roteiro de entrevista

A primeira visita à instituição – que não será a única – deve ser preparada em sala de aula. Os alunos deverão, junto ao professor, definir um roteiro de questões relativas às disciplinas que estão cursando naquele período. Nos Apêndices 02 e 03 (p. 119 e 120) há um modelo com alguns pontos a serem observados. Importante reiterar que se trata de um modelo, uma sugestão que poderá ser alterada de acordo com a necessidade apontada em conjunto por professores e alunos.

Depois de ter o roteiro, caberá ao professor explicar ao aluno a importância desse encontro. E mais, o diferencial de trabalho que será oferecido. É preciso que esse aluno entenda que, de acordo com os princípios do empreendedorismo e da gestão social, não cabe aos alunos nem aos professores a tarefa de apontar erros e soluções, mas sim levantar dados para uma construção coletiva de novas possibilidades para a entidade atendida.

Para que isso aconteça, o primeiro passo é aprender a escutar. O empreendedor deve ter, entre suas características, uma forma aguçada de ver e ouvir e, com isso, descobrir novas oportunidades. Então, esses estímulos produzidos ao ouvir, ao enxergar, ao perceber o lugar que estão visitando é muito importante para os alunos.

Importante também deixar claro aos alunos que o projeto prevê uma ação de empreendedorismo e de gestão social, não de caridade, de assistencialismo. Embora sejam grandiosas as ações caridosas, é preciso lembrar que esse não é o objetivo do projeto. O que se quer é estimular, nos alunos, o desejo de transformar a sociedade em que vivem de forma cidadã, participativa e integrada.

4.20 Desenvolvimento do projeto

Quando os alunos voltarem à sala de aula após a primeira visita, caberá ao professor a avaliação do material trazido: fotos, comentários, percepções. A partir desse conjunto, inicia-se o processo de análise e construção das propostas de trabalho para as instituições atendidas.

Essas propostas, à medida que vão sendo desenvolvidas (intragrupo), vão sendo debatidas em sala de aula entre os componentes do grupo e os professores das disciplinas do semestre e com a entidade atendida. É o que normalmente ocorre num processo profissional de consultoria: o consultor visita a organização, conversa com seus integrantes, faz propostas, apresenta as primeiras ideias, monta um plano e faz a apresentação final.

O produto ou os produtos desse processo de desenvolvimento dependerão do curso ou dos cursos que estarão envolvidos no programa.

4.21 Evento de entrega dos projetos

Finaliza-se o programa com um evento para a entrega dos resultados do trabalho. A sugestão é que esse encontro aconteça em um sábado, pela manhã, estendendo-se até, no máximo, meio-dia, em função das atividades dos participantes nos fins de semana.

Nesse encontro, todas as ONGs serão convidadas a assistir a apresentação de todos os projetos. Na experiência da FORTUNA, esse evento é sempre marcado por muita emoção e troca de experiências. É um momento muito rico de confraternização e de alegria pelo trabalho entregue.

O local indicado para um evento desse porte é o auditório da escola, caso haja, ou uma sala maior em que caibam todos os convidados e que tenha espaço para projeção de imagens – que poderão ser produzidas pelos alunos para suas apresentações.

Assim como no evento de boas-vindas, os alunos devem ser os responsáveis pela escolha desse local, pelo convite dos participantes, pela preparação de um lanche e ainda pela organização do material necessário. Nesse encontro, já deverá ser combinada, entre os alunos, professores e entidades atendidas, a segunda parte do projeto, isto é, a sua aplicação prática, que deverá acontecer no semestre seguinte, quando do início das aulas.

4.22 Dinâmicas de apoio

Há todo momento foi apontado como fundamental o papel motivador do professor coordenador junto aos alunos. Esse professor tem diversas tarefas a cumprir durante todo o processo, como realização de eventos, criação de roteiros, desenvolvimento dos projetos.

Embora cada atividade seja feita de forma conjunta, sabe-se que o professor é o sujeito preparado para estimular e envolver os participantes e fazê-los entender os objetivos do programa.

Para isso, na agência FORTUNA foram utilizadas vivências em grupo, ótimos recursos motivadores e criativos que rompem com “processos cartesianos e lineares” e propiciam a participação, a inovação e a realização pessoal (ROUCO; RESENDE, 2003).

Abaixo, apresentamos algumas dinâmicas já utilizadas com as turmas da Unatec que podem ser sugeridas. O professor é livre para adaptá-las ou criar novas possibilidades motivadoras. O uso de músicas e filmes, por exemplo, é muito enriquecedor.

A colcha de retalhos

Inspirando-me nos conceitos de Paulo Freire (2001) apresentados no início deste trabalho relativos aos sonhos possíveis, desenvolvi esta atividade: a colcha de retalhos. Trata-se de uma vivência feita em conjunto, mas que, ao mesmo tempo, retrata a história de cada participante. O melhor momento para utilizá-la é antes da realização do sorteio dos grupos.

Num primeiro momento, pede-se aos alunos que fechem os olhos e comecem a refletir sobre eles mesmos, seus sonhos, suas construções diárias, sua personalidade, sua contribuição no mundo.

Em seguida, pede-se para que pensem no mundo em que vivem. O que desejam para que se viva melhor, para que se possam construir novas possibilidades. Pede-se que reflitam sobre qual é o seu papel e sua importância na comunidade, no mundo em que vivem. Para isso, deve ser usada uma música, que pode ser instrumental ou mesmo que tenha uma temática reflexiva, que demonstre a ideia de um mundo melhor.[23]

Feito isso, pede-se que os alunos, lentamente, abram os olhos e que manifestem seus pensamentos, sua reflexão, num pequeno pedaço de tecido (de cor clara) entregue a cada um. Pede-se para que eles se coloquem naquele espaço por meio de palavras ou desenhos. Para isso, deve-se ter caneta para tecido, cola, retalhos, lantejoulas, botões ou outros adereços que se julguem interessantes para a atividade.

É dado um tempo para a realização dessa atividade individual. Depois disso, pede-se para que cada um, individualmente, coloque o seu retalho num grande tecido disposto na mesa ou no chão da sala. Pede-se ao aluno que cole o seu retalho onde desejar no espaço do grande pano.

Depois disso, o professor deverá mostrar para a turma a colcha quase pronta. Nesse momento, o propósito é fazer uma analogia entre uma verdadeira colcha e a proposta do programa: viver as diferenças.

---

[23] Músicas sugeridas para a atividade da Colcha de Retalhos: **Música:** Vilarejo; **Artista:** Marisa Monte; **Álbum:** Infinito Particular. **Música:** Serra do Luar; **Artista:** Leila Pinheiro; **Álbum:** Outras Caras. **Música:** Alegria; **Artista:** Arnaldo Antunes; **Álbum:** Ninguém.

O professor deverá falar sobre a beleza da colcha de retalhos. Mostrar que a singularidade dessa peça artesanal está exatamente na mistura de tecidos e de padrões tão diferentes que acabam se transformando num produto de grande beleza e valor. É interessante também mostrar que, quanto mais tecidos, mais grossa fica a colcha e, consequentemente, mais quente.

Assim, a dinâmica é finalizada, comparando cada um dos alunos, suas histórias e vivências, com os tecidos, as padronagens, as cores. Mostra-se a beleza da mistura dos grupos, das ideias, dos sonhos de cada um. E que, em conjunto, pode-se sonhar e realizar mais projetos e, como uma colcha, pode-se "aquecer" os sonhos de outras pessoas.

Essa colcha, que tem o aspecto de um painel, deverá permanecer no espaço da agência e ser, ao longo do projeto, modificada, incrementada, embelezada pelos alunos. Nos últimos dias de aula, deve ser verificado, junto aos alunos, se houve mudanças na colcha e neles.

O gestor jardineiro

Essa dinâmica surgiu da necessidade de demonstrar aos alunos a prática da gestão social. É uma vivência ideal para o momento da construção dos roteiros e explicações de como realizar a visita à entidade.

Inicialmente, é distribuído o texto "conversa com empresários", de Rubem Alves[24] (já apresentado anteriormente à p. 44, Capítulo 3). O texto mostra uma divisão da história das empresas em três fases: a da "Revolução Industrial", a das "Conquistas Trabalhistas" e a atual,

---

[24] ‹http://www.rubemalves.com.br/conversacomempresarios.htm›.

que o autor chama de "Gestão da Empresa Jardineira" ou "cuidadora do mundo".

A partir desse texto, o professor insere a temática da gestão social e aborda como cada aluno poderá gerir de forma a "perceber e cuidar do mundo".

Depois do debate, o professor deverá distribuir, para cada grupo de trabalho, um vaso de planta e um pacote de sementes que possam ser cultivadas em pequenos vasilhames, como as de hortaliças e pequenas flores.

Os alunos, então, plantam as sementes e cuidam de sua semeadura, comparando-a à entidade que estão atendendo. Caberá ao grupo, durante o período, entender se sua plantinha gosta de mais ou menos luz, mais ou menos água, tempo de crescimento etc. O professor, então, faz a analogia entre a planta cultivada e o trabalho que os alunos realizam nas instituições, nas quais precisam observar suas necessidades, escutando seus problemas e valorizando seus talentos.

4.23 Conceitos

Nessa metodologia de ensino, os conceitos teóricos trabalhados são os da educação, do empreendedorismo e da gestão social. Cada um desses temas foi apresentado no referencial teórico desta dissertação, nos Capítulos 1, 2 e 3.

Essa temática deve ser a base para cada passo dado na agência. Esses conceitos é que nortearão os trabalhos desenvolvidos nesse espaço destinado ao diálogo e à (trans)formação de cidadãos. O conteúdo desses conceitos deverá ser trabalhado por meio das dinâmicas apresentadas, em debates, seminários e ainda em aulas expositivas.

4.24 Avaliação do programa

Como se trata de um projeto prioritariamente participativo e que não tem um modelo permanente – mas sim pronto para ser melhorado a cada dia –, é preciso avaliar seu andamento e sua evolução, acompanhando, monitorando e sistematizando os resultados.

Nessa avaliação, utilizo os índices que foram apresentados na dissertação – a qual se transformou na metodologia que apresento agora, neste livro – para avaliar e sistematizar a prática educativa da FORTUNA.[25]

As entrevistas foram desenvolvidas com base nos Indicadores de Qualidade do Projeto (IQP), parte do brilhante e premiado trabalho do Centro Popular de Cultura e Desenvolvimento (CPCD), dirigido por Tião Rocha – já que, como ele mesmo diz, "Sebastião é apelido" –, um educador popular, antropólogo e folclorista.[26]

No CPDC, são desenvolvidos vários projetos que já se tornaram referência de desenvolvimento sustentável e alternativa na implementação de políticas públicas e sociais. Esses projetos são implantados em Curvelo, no Vale do São Francisco e no Vale do Jequitinhonha. O centro coleciona prêmios e parceiros de peso na área de desenvolvimento social dentro e fora do país.[27]

---

[25] Na dissertação, o tipo de pesquisa utilizada foi a qualitativa, com abordagem descritiva/comparativa. Foram ouvidos alunos, professores e entidades atendidas por meio de pesquisa bibliográfica, pesquisa e análise documental, observação participante, entrevistas semiestruturadas e grupo focal.

[26] Tião Rocha foi o responsável pela idealização do Centro Popular de Cultura e Desenvolvimento (CPDC), uma organização não governamental fundada em 1994 na capital mineira e que tem como missão "Promover educação popular e desenvolvimento comunitário a partir da cultura, tomada como matéria-prima de ação institucional e pedagógica". Fonte: ‹http://www.cpcd.org.br›.

[27] A equipe de educadores do Centro Popular de Cultura e Desenvolvimento – CPCD – sempre trabalhou seus programas de educação popular e de desenvolvimento comunitário, assim

Mesmo com tanta projeção e sucesso nos projetos desenvolvidos, a equipe de educadores tinha uma grande dificuldade na hora de avaliar, com quesitos adequados, cada um de seus projetos e programas, que sempre tiveram, como objetivos específicos, "desenvolvimento de autoestima", "socialização", "aprendizagem lúdica", "alegria", "prazer" etc. Então, como medir se esses objetivos de fato eram ou não alcançados? Esse problema, segundo Tião Rocha, ainda aflige e compromete o trabalho de várias ONGs e projetos sociais ou intervenções comunitárias do país. Dessa forma, avaliar esses programas e projetos passou a ser um desafio permanente da equipe de trabalho do centro, que entendia ser fundamental ao trabalho do grupo compreender se, na aplicação dos programas, houve aumento ou diminuição da autoestima, se o grau e a qualidade de socialização foram alcançados e, ainda, criar indicadores que medissem a felicidade dos jovens atendidos (ROCHA, 2005).

O grupo começou, portanto, a construir seus próprios indicadores. Para isso, os educadores partiram da observação diária e sistemática das crianças e jovens atendidos, percebendo seus pequenos avanços, suas respostas (sorriso x choro, envolvimento x desinteresse, limpeza x sujeira, delicadeza x agressividade etc.) (ROCHA, 2005).

Então, nas memórias de campo e relatórios técnicos e avaliações, foi-se formando a massa crítica que indicava quando os objetivos propostos estavam ou não sendo alcançados e como. Daí surgiram os "microindicadores", tais como a autoestima, percebida no cuidado com o corpo (cabelos penteados, constância dos banhos, uso de batom etc.),

---

como seus projetos específicos ("Sementinha", "Ser Criança", "Bornal de Jogos", "Fabriquetas Comunitárias", "Agentes Comunitários de Educação" etc.) como processos de permanente apreensão, compreensão e devolução (ROCHA, 2005).

no cuidado com as roupas e objetos pessoais, nas pequenas vaidades, na busca da melhor aparência, na expressão de opinião e gostos, no protagonismo na roda, na disponibilidade em ajudar e participar das ações coletivas etc. (ROCHA, 2005).

A equipe chegou a doze índices, os quais são chamados de "Indicadores de Qualidade de Projeto". Esses podem, segundo os educadores, apontar se os projetos têm "qualidade", um conceito que no CPCD é formado pela soma e interação dos 12 índices, que tanto são complementares como podem ser observados e mensurados individualmente. A seguir, o detalhamento de cada um dos índices do IQP (ROCHA, 2005):

1) **Apropriação – Equilíbrio entre o desejado e o alcançado:** Esse indicador convida a dar tempo ao tempo, a não fazer do estresse um instrumento de ensino forçado, a respeitar o tempo de aprendizagem e o ritmo de metabolização do conhecimento de cada um.
2) **Coerência – Relação teoria/prática:** Esse indicador nos aponta a importância da relação equilibrada entre o conhecimento formal e acadêmico e o conhecimento não formal e empírico. Mostra-nos que ambos são importantes porque são relativos, nenhum superior ao outro, mas complementares.
3) **Cooperação – Espírito de equipe, solidariedade:** Esse indicador instiga a "operar com" o outro, parceiro e sócio na mesma empreitada que é o ato educativo, incluindo a dimensão da solidariedade como base humana dos processos de ensino-aprendizagem, tomando o outro, criança ou adolescentes, como fundamental para a Educação ser algo plural.
4) **Criatividade – Inovação, animação/recreação:** Esse indicador provoca a criar o novo, a descobrir os caminhos obsoletos, a

ousar andar na contramão do academicismo pedagógico "bolorento", a buscar soluções criativas e inovadoras para resolver velhos problemas.

5) **Dinamismo – Capacidade de autotransformação segundo as necessidades:** Esse indicador propõe que as pessoas se vejam sempre como seres repletos de necessidades e em permanente busca de complementaridade. As pessoas vêm ao mundo para ser completas e não para ser perfeitas, o que seria atribuição do Divino.
6) **Eficiência – Identidade entre o fim e a necessidade:** Esse indicador convida a equilibrar as energias, a adequar os meios e recursos aos fins propostos. "Aprender a ser, aprender a fazer, aprender a conhecer e a aprender a conviver" são os quatro pilares da aprendizagem.
7) **Estética – Referência de beleza:** Esse indicador fala do bom gosto e da busca do lado luminoso da vida. Se "a estética é a ética do futuro", segundo Domenico di Mais (apud ROCHA, 2005), é preciso reconstruir o conceito de estética para que ele incorpore a luminosidade de todos os seres humanos, fontes e geradores de luz e de beleza.
8) **Felicidade – Sentir-se bem com o que temos e somos:** Esse indicador aponta para a intransigente busca do ser feliz (e não do ter feliz), como razão principal do existir do ser humano.
9) **Harmonia – Respeito mútuo:** Esse indicador conclama a compreensão, a aceitação generosa do outro, (meu igual, mas diferente) como contraparte do processo de aprendizagem permanente, e a incorporar os tempos passados e futuros ao presente.

10) **Oportunidade – Possibilidade de opção:** Esse indicador apresenta o conceito contemporâneo de desenvolvimento (= geração de oportunidades) como meio e alternativa de construção de capital social. Quanto mais oportunidades forem geradas para as crianças e adolescentes participantes dos projetos, mais opções eles (e elas) terão para realizar suas potencialidades e suas utopias.

11) **Protagonismo – Participação nas decisões fundamentais:** Esse indicador fala da possibilidade sempre presente de assumir os desafios, romper barreiras, ampliar os limites do possível, disponibilizar os saberes-fazeres-e-quereres, estar à frente do tempo e participar integralmente da construção dos destinos humanos. O que cada um pode fazer? Pretende-se ser protagonistas de que peça, de que escola, de que país, de que sociedade?

12) **Transformação – Passagem de um estado para outro melhor:** Esse indicador traduz a missão de que se é passageiro pelo mundo, inquilino do "Paraíso", propiciador de mudanças, cuja responsabilidade é deixar para as gerações presentes e futuras um mundo melhor do que aquele que foi encontrado e o que foi recebido pelos antecessores.

Há, a partir desses índices, questionários com perguntas que levam o participante (educador, criança, jovem e pais) a perceber nas atividades do projeto a presença (qualitativa) e o grau da presença (quantitativa) do índice (ROCHA, 2005). O IQP tornou-se uma eficiente tecnologia educacional que possibilita, por meio da leitura e da análise dos indicadores, uma contextualização e uma percepção de como estão sendo introjetados e metabolizados no "fazer e saber-fazer" dos educadores, dando-lhes “um novo olhar sobre a própria prática” (ROCHA, 2005).

Foi com base no IQP que os roteiros para professores e organizações e o roteiro para o grupo focal foram desenvolvidos. A identificação encontrada foi, também, em função de o IQP ser aplicado a três públicos: educadores, pais e crianças e jovens participantes dos seus projetos. Na análise da FORTUNA, também lidei com três grupos nos quais avaliei seus sentimentos, suas sensações em relação ao trabalho desenvolvido na agência. Com o IQP, tornou-se possível, já que os índices são baseados também no que sentem os participantes dos projetos avaliados.

Além de alguns dos índices propostos pelo IQP, outros índices por mim propostos foram acrescentados. Assim, entendo que, para avaliar a implantação do Projeto da Agência em uma escola, será de suma importância a utilização dos índices indicados abaixo:

1) **Encontro:** para analisar a relação entre aluno e entidades atendidas, a relação entre alunos e professores e entre os próprios alunos.
2) **Apropriação:** um índice dedicado à percepção do envolvimento dos estudantes no projeto. É nesse ponto que se vê explícita, por exemplo, a relação ímpar entre o espaço físico e a ligação dos alunos com o projeto.
3) **Empreendedorismo:** por meio desse item pode-se ver se houve inovação e criatividade nos projetos desenvolvidos pelos alunos e, ainda, se houve, nos participantes, estímulos às atitudes empreendedoras dos envolvidos.
4) **Aplicação prática:** nesse índice será analisada a funcionalidade do projeto, seus passos, sua condução, sua estrutura física e metodológica, além da relação entre teoria e prática.

5) **Transformação:** aqui, será analisado se houve, nos participantes, algum tipo de transformação social, pessoal e profissional após a participação no projeto.
6) **Mudar para crescer:** por fim, nesse item serão colhidas as sugestões apontadas pelos entrevistados para mudança e/ou adequação do projeto.

Com base nesses índices, são sugeridos dois momentos avaliativos:

- **Avaliações periódicas:** por meio de reuniões e debates entre os atores do processo – alunos, professores, coordenação –, serão levantados as dificuldades, os ganhos, as percepções e sugestões de mudança/adaptação.
- **Avaliação dos resultados:** ao término de cada semestre, é muito bom que a coordenação do projeto realize um seminário com a participação dos envolvidos para um debate amplo que levará as questões apontadas nas avaliações periódicas. Esse evento deverá ser documentado com fotos, gravação de áudio ou filmagem.

Depois, deverão ser avaliadas, de forma conjunta e sistematizada, as adaptações que se fizerem necessárias à metodologia de ensino.

Considerações finais

Durante o processo vivido no mestrado em Educação, Gestão Social e Desenvolvimento Local, senti que foram quebrados em mim velhos paradigmas, colocados novos desafios e incluídos novos sonhos pessoais, sociais e profissionais.

Comecei a entender o que, de fato, está acontecendo no cenário social e empresarial do nosso país e do mundo afora. Aferi a nova lógica de participação e a segunda forma (a gestão social) de pensar e agir na gestão. Entendi que há espaço para um profissional mais sensível, mas não menos estratégico. Há espaços para alguém que perceba as nuanças da participação popular de forma efetiva e que consiga intercambiar ideais num novo contexto em que tempo e espaço já não mais representam limites.

Diante dessas novas inquietações e novidades, senti-me estimulada a sistematizar o que já vinha fazendo intuitivamente com meus alunos – com o auxílio luxuoso de meus colegas docentes na agência experimental FORTUNA. Senti que era hora de colocar no papel uma maneira de (trans)formar nossos alunos em cidadãos, prontos para mudar as práticas de injustiça, desigualdade e desperdício que ainda são tão comuns. Senti que era hora de provocar ainda mais esses alunos e alunas para que protagonizem uma história diferente.

Mas, para propor esse método “provocador” e “não convencional”, houve dificuldades. É preciso compreender a complexidade de um processo de sistematização de uma experiência e sua transformação em uma nova proposta, principalmente quando a experiência estudada foi desenvolvida e coordenada por mim desde 2006.

Diante disso, vislumbro nessa nova metodologia de ensino proposta perspectivas, desafios e limitações.

No caso das perspectivas, entendo que a metodologia pode ser um caminho para o desenvolvimento da cidadania e do empreendedorismo no ambiente escolar. Os desafios estão em, por meio do método, incutir nos participantes do projeto o desejo de inovar, de criar, de explorar e de conhecer o diferente, de quebrar paradigmas e partir para uma nova forma de ensinar, aprender e construir outra realidade social. Por fim, no que tange às limitações, sinto que as dificuldades serão em trabalhar o empreendedorismo de forma a não defini-lo somente como ferramenta para abrir um novo negócio, mas como forma de ultrapassar os próprios limites, conhecer-se, expandir-se. Essa é uma realidade ainda nova nas disciplinas de empreendedorismo ofertadas no país.

Assim, compreendo que este trabalho – que me despertou tantas sensações – pode também despertar nas instituições de ensino superior o desejo de investir mais e sempre na (trans)formação de seus alunos. Incentivar a prática de empreender, e empreender socialmente, no ambiente escolar é possível por meio de uma metodologia que objetiva criar oportunidades de mudança social.

Trata-se da possibilidade de construir novas relações, novas chances, novos encontros, novas responsabilidades, novas pessoas. Trata-se de um desafio pessoal que pretende, agora, ser de muitos, ser de todos, ser, enfim, um modelo para ser vivido e partilhado.

Referências

AFONSO, Cesar; VANZIN, Tarcísio. *Empreendedorismo social como criatividade comunitária*, 2007. Disponível em: ‹http://publica.fesppr.br/index.php/rnti/article/viewArticle/v2n1ART1›. Acesso em: 02 ago. 2008.

AGUILAR, M. J.; ANDER-EGG E. *Avaliação de serviços e programas sociais*. Petrópolis: Ed. Vozes, 1994.

AIUB, George Wilson. *Inteligência Empreendedora*: uma proposta para a capacitação de multiplicadores da cultura empreendedora. Dissertação (Mestrado) – Florianópolis, 2002.

ALBAGLI, Sarita; MACIEL, Maria Lúcia. *Capital social e empreendedorismo local*: Políticas para Promoção de Sistemas Produtivos Locais de MPME. Publicação da UFRJ; Redesist, set. 2002.

ALMEIDA, V. de P. Avaliação de programas sociais: de mensuração de resultados para uma abordagem construtivista. *Revista Pesquisas e Práticas Psicossociais*, v. 1, n. 2, São João del-Rei, dez. 2006. Disponível em: ‹http://www.ufsj.edu.br/portal-repositorio/File/revistalapip/VicenteAlmeida.pdf› Acesso em: 15 dez. 2009.

ALVES, Rubem. *Conversa com empresários*. Disponível em: ‹http://www.rubemalves.com.br/conversacomempresarios.htm›. Acesso em: 10 abr. 2009.

ALVES, Rubem. *Conversas sobre educação*. Campinas: Verus, 2003.

ALVES, Rubem. *Gaiolas e asas*. 2001. Disponível em: ‹http://www.rubemalves.com.br/gaiolaseasas.htm›. Acesso em: 10 abr. 2009.

ALVES, Valeria Giannella; MOURA, Maria Suzana de Souza. *O potencial de uma virada paradigmática*: metodologias não convencionais na formação do gestor social. In: COLÓQUIO INTERNACIONAL SOBRE PODER LOCAL, 11., Salvador, 2009.

AMARAL, Ana Lúcia. Pertencimento. In: *Dicionário de Direitos Humanos*, jun. 2006. Disponível em: ‹http://www.esmpu.gov.br/dicionario/tiki-index.php?page=Pertencimento›. Acesso em: 15 jan. 2010.

ASHOKA EMPREENDEDORES SOCIAIS E MCKINSEY & COMPANY, INC. *Empreendimentos sociais sustentáveis*: como elaborar planos de negócio para organizações sociais. São Paulo: Petrópolis, 2001.

ASHOKA EMPREENDEDORES SOCIAIS. Disponível em: ‹http:/www.ashoka.org.br›. Acesso em: 15 mar. 2010.

ASSMAN, Hugo. *Curiosidade e prazer de aprender*: o papel da curiosidade na aprendizagem criativa. Rio de Janeiro: Vozes, 2004.

ASSMAN, Hugo. *Reencantar a educação*: rumo à sociedade aprendente. Rio de Janeiro: Vozes, 2004.

ÁVILA, Vicente Fideles de. *Cultura, desenvolvimento local, solidariedade e educação*. Rio de Janeiro: Qualitymark, 2008. Base documental ampliada da conferência ministrada em 27 nov. 2003, no I Colóquio Internacional de Desenvolvimento Local, realizado de 25 a 28 nov. 2003 na UCDB. Disponível em: ‹http://www.desenvolvimentolocal.ucdb.br/›. Acesso em: 02 fev. 2010.

BARBIER, Rene. *Pesquisa-ação na instituição educativa*. Rio de Janeiro: Jorge Zahar, 1985.

BASTOS, Maria Flávia. *Projeto Gestão Profissional*: Agência Júnior de Comunicação UNATEC. Curso Comunicação Empresarial: Primeiro projeto da Agência Experimental, com modelo piloto para o curso de Comunicação Empresarial da UNATEC, desenvolvido pela professora Maria Flávia Bastos, sob a coordenação da Professora Kenya Valadares.

BOFF, Leonardo. *A águia e a galinha*. 14. ed. Petrópolis: Vozes, 1998. Disponível em: ‹http://www.gentecuidandodasaguas.org.br/documentos/Aguia_%20e_a_galinha.pdf›. Acesso em: 20 fev. 2010.

BOLSON, Eder Luiz. *Tchau patrão!*: como construir uma empresa vencedora. SENAC, 2003.

BONI, V; QUARESMA, S. J. Aprendendo a entrevistar: como fazer entrevistas em Ciências Sociais. *Revista Eletrônica dos Pós-Graduandos em Sociologia Política da UFSC*, v. 2, n. 1, p. 68-80, jan./jul. 2005. Disponível em: ‹http://www.emtese.ufsc.br›. Acesso em: 20 fev. 2010.

BORNSTEIN, David. Como mudar o mundo: empreendedores sociais e o poder das novas ideias. *Época*, n. 427, 2008.

BOULLOSA, Rosana de Freitas. *Contribuições conceituais e metodológicas para a avaliação de processos e práticas de gestão social a partir das perspectivas da Policy analysis e da abordagem social da aprendizagem*. *In*: XI COLÓQUIO INTERNACIONAL SOBRE PODER LOCAL, 11., Salvador, 2009.

BRANDÃO, Carlos Rodrigues. O processo geral do saber (a educação popular como saber da comunidade). In: *Educação popular*. São Paulo: Brasiliense, 1997. p. 14-26. Disponível em: ‹http://pedagogia.incubadora.fapesp.br/portal/DISCIPLINAS%20-%20Elie%20Ghanem/BRAND_c3_83OCarlosRodriguesOProcessoGeralDoSaberAEduca_c3_a7_c3_a30PopularComoSaberDaComunidadeInEduca_c3_a7_c3_a30PopularS_c3_a30PauloBrasiliense1997P1426›. Acesso em: 05 jan. 2010.

BUBER, Martin. *Do diálogo e do dialógico*. São Paulo: Perspectiva, 1982.

BUBER, Martin. *Encontro*: fragmentos autobiográficos. 4. ed. Rio de Janeiro: Vozes, 1991.

BUBER, Martin. *Eu e tu*. 8. ed. São Paulo: Cortez & Moraes, 2004.

BUENO, José Lucas Pedreira. *O empreendedorismo como superação do estado de alienação do trabalhador*. Tese (Doutorado)–Florianópolis, 2005. Disponível em: ‹http://www.tede.ufsc.br/teses/PEPS4585.pdf›. Acesso em: 05 jan. 2010.

CANTILLON, R. *Essai sur la nature du commerce en général*. London, Fetcher Gyler, 1755, Also edited en English version, with other material, by Henry Higgs, CB. London: MacMillan, 1931.

CARNEIRO, Carla Bronzo Ladeira; COSTA, Bruno Lazzarotti Diniz. *Gestão social*: o que há de novo?. Belo Horizonte: Fundação João Pinheiro, 2004. v. 2 - Elementos para a Ação. Disponível em: ‹http://www.eg.fjp.mg.gov.br/index.php/component/docman/doc_details/262-gestao-social-o-que-ha-de-novo-desafios-e-tendencias›. Acesso em: 15 jan. 2010.

CARUSO, Francisco; FREITAS, Maria Cristina Silveira de. *Educar é fazer sonhar*: CBPF-CS-009/03. Disponível em: ‹http://cbpfindex.cbpf.br/publication_pdfs/cs00903.2006_12_08_10_36_41.pdf›. Acesso em: 15 jan.2010.

CARVALHO, Patrícia Bellotti; OLIVEIRA, Celso José de; SANTOS, Maria Helena Oretto dos. KETS DE VRIES, M: The anatomy of the entrepreneur clinical observations. *Revista de Administração de Empresas*, São Paulo, n. 6, v. 33, nov./dez., 1993. Disponível em: ‹www.utp.br/.../FCSA/ENSINO%20DO%20EMPREENDEDORISMO%20%20%20UMA%20ABORDAGEM%20TRIDIMENCIONAL.doc›. Acesso em: 07 set. 2008.

CENTRO POPULAR DE CULTURA E DESENVOLVIMENTO. Disponível em: ‹http://www.cpcd.org.br/›. Acesso em: 15 nov. 2009.

COSTA; Pedro de Almeida. *A abordagem territorial para a economia solidária*: um desafio para os processos de gestão social do desenvolvimento. In: COLÓQUIO INTERNACIONAL SOBRE PODER LOCAL, 11., Salvador, 2009.

CREMA, Roberto. *Introdução a visão holística*. São Paulo: Summus, 1998.

CREMA, Roberto. *Visão holística em psicologia e educação*. São Paulo, Summus, 1998.

DAVID, Denise Elizabeth Hey. *Intraempreendedorismo social*: perspectivas para o desenvolvimento social nas organizações. Tese (Doutorado)–Florianópolis, 2004. Disponível em: ‹http://www.unioeste.br/projetos/casulo/files/tese_denise_david.pdf›. Acesso em: 05 jul. 2008.

DE PAULA, Juarez. Desenvolvimento e gestão compartilhada. In: SILVEIRA, Caio Márcio; REIS, Liliane Costa. *Desenvolvimento local*: dinâmicas e estratégias. Rio de Janeiro: Comunidade Solidária; Governo Federal; Ritz, 2001.

DEMO, P. *Conhecer e aprender*: sabedoria dos limites e desafios. São Paulo: Artes Médicas, 2000.

DOLABELA, Fernando. *Ensino de empreendedorismo na educação básica como instrumento do desenvolvimento local sustentável*: a metodologia da pedagogia empreendedora. Disponível em: ‹http://aplicaciones.icesi.edu.co/ciela/anteriores/Papers/edem/7.pdf›. Acesso em: 07 jul. 2008.

DOLABELA, Fernando. Entrevista publicada na *Revista de Negócios*, Blumenau, v. 9, n. 2, p. 127-130, abr./jun. 2004. Disponível em: ‹http://proxy.furb.br/ojs/index.php/rn/article/view/293/280› Acesso em: 10 fev.2010.

DOLABELA, Fernando. *Entrevista*. Disponível em: ‹http://www.educacional.com.br/revista/0408/pdf/06_Entrevista_FernandoDolabela.pdf›. Acesso 02 fev. 2010.

DOLABELA, Fernando. *O ensino de empreendedorismo no Brasil*: uma metodologia revolucionária. Disponível em: ‹http://www.projetoe.org.br/tv/prog10/html/ar_10_01.html›. Acesso em: 05 jun. 2008.

DOLABELA, Fernando. *O segredo de Luíza*. 30. ed. São Paulo: Ed. Cultura, 2006. 304 p.

DOLABELA, Fernando. *Oficina do empreendedor*. 6. ed. São Paulo: Ed. Cultura, 1999, 280 p.

DORNELAS, José Carlos Assis. *Como analisar um plano de negócios*. Disponível em: ‹http://www.josedornelas.com.br/artigos/como-analisar-um-plano-de-negocios›. Acesso em: 07 jul. 2008.

DORNELAS, José Carlos Assis. *Empreendedorismo*: transformando idéias em negócios. 2. ed. Rio de Janeiro: Elsevier, 2005.

DOWBOR, Ladislau. *Gestão social e transformações da sociedade*. nov. 1999. Disponível em: ‹http://dowbor.org/8gestaosocial.asp›. Acesso em: 10 jan. 2010.

DRUCKER, Peter. *Inovação e espírito empreendedor (entrepreneurship)*: prática e princípios. Cengage Learning Ed., 1987.

DUARTE, Maria Flávia D. B. *Empreendedorismo Social*: a educação por meio de atividades que possibilitam a formação de sujeitos participativos. Belo Horizonte, 2008.

ESTADO DE MINAS. Agência Experimental de Comunicação da UNATEC. 27 nov. 2006. Caderno D+.

ESTADO DE MINAS. Agência Experimental de Comunicação da UNATEC. 31 mar. 2009. Capa; Caderno D+.

ESTADO DE MINAS. Fortuna. Coluna Briefing. Disponível em: ‹http://www.uai.com.br/UAI/html/sessao_4/2008/04/06/em_noticia_interna,id_sessao=4&id_noticia=57677/em_noticia_interna.shtml›. Acesso em: 24 mar. 2008.

EXAME. Falsas verdades sobre empreendedores. 24 jul. 2002.

FACHIN, Fernando. A identidade artística do empreendedor: ações coletivas em contextos Temporários. In: COLÓQUIO INTERNACIONAL SOBRE PODER LOCAL, 11., Salvador, 2009.

FARFUS, Daniele (Org.). *Inovações sociais*. Curitiba: SESI, 2007. (Coleção Inova; v. 2). Disponível em: ‹http://www.fiepr.org.br/colecaoinova/uploadAddress/Inovações%20Sociais[50457].pdf›. Acesso em: 05 jan. 2010.

FARIA, Maria Vilma Coelho Moreira; VIDAL, F. A. B.; FARIAS, I. Q. *Empreendedorismo social e economia solidária*: um estudo de caso da rede de desenvolvimento local integrado e sustentável da comunidade do grande Bom Jardim. In: ENCONTRO DE PÓS-GRADUAÇÃO E PESQUISA DA UNIFOR, 4., Fortaleza, 2004. Fortaleza: Gráfica da Unifor, 2004. p. 458-458. Disponível em: ‹http://www.unioeste.br/projetos/casulo/files/emp_soc_ec_sol.pdf›. Acesso em: 05 jan. 2010.

FERREIRA, Nilda Tevês; EIZIRIK, Marisa Faermann. *Cidadania*: uma questão para a educação. Rio de Janeiro: Nova Fronteira, 1993.

FERREIRA, Nilda Tevês; EIZIRIK, Marisa Faermann. *Educação e imaginário social*: revendo a escola. Revista Em Aberto, Brasília, ano 14, n. 61, jan./mar. 1994.

FILION, L. J. Empreendedorismo e gerenciamento: processos distintos, porém complementares. *RAE – Revista De Administração De Empresas*, São Paulo, v. 7, n. 3, p. 2-7. jul./set. 2000.

FILION, L. J. Empreendedorismo: empreendedores e proprietários-gerentes de pequenos negócios. *Revista de Administração de Empresas*, São Paulo, v. 34, n. 2, p. 5-28, abr./jun. 1999.

FILION, L. J. *Empreendedorismo*: empreendedores e proprietários-gerentes de pequenos negócios. Tradução do inglês feita por Maria Letícia Galizzi e Paulo Luz Moreira e revisão final da tradução pelo Professor Fernando Dolabela da Universidade Federal de Minas Gerais. *Revista de Administração*, São Paulo, v. 34, n. 2, p. 5-28, abr./jun. 1999.

FILION, L. J. *O Empreendedorismo como tema de estudos superiores*. Palestra proferida no Seminário A Universidade Formando Empreendedores. Escola de Altos Estudos Comerciais (H.E.C) de Montreal. Disponível em: ‹http://inf.unisul.br/~ingo/emoreendedorismo.pdf›. Acesso em: 08 set. 2008.

FILION, L. J. Um roteiro para desenvolver o empreendedorismo. *Revista de Administração de Empresas da Escola de Administração de Empresas de São Paulo - Brasil*, v. 7, n. 3, p. 2-7. Disponível em: ‹http://www.oei.es/etp/roteiro_desenvolver_empreendedorismo_filion.pdf›. Acesso em: 07 jul. 2008.

FOLHA DE S. PAULO. FSP e SEBRAE. São Paulo, 2002. Coleção do empreendedor.

FONTES, Miguel. *A origem do conceito de tecnologia social*. Disponível em: ‹http://www.socialtec.org.br/index.php?option=com_content&view=article&id=79:a-origem-do-conceito-de-tecnologia-social&catid=29:coluna-do-miguel-fontes&Itemid=5›. Acesso em: 02 dez. 2009.

FRANÇA FILHO, Genauto Carvalho de; SANTANA JÚNIOR, Gildásio. *Um olhar renovado sobre desenvolvimento local*: uma análise a partir dos aportes da economia solidária e de pesquisa empírica na Bahia. In: CONFERÊNCIA REGIONAL DE ISTR PARA AMÉRICA LATINA Y EL CARIBE, 6., Salvador, 2007.

FRANCO, Augusto de. *Porque precisamos de desenvolvimento local integrado e sustentável*. Brasília: Millennim, 2000.

FREIRE, Paulo. *Extensão ou comunicação*. Rio de Janeiro: Ed. Paz e Terra, 1980.

FREIRE, Paulo. *Pedagogia da autonomia*: saberes necessários à prática educativa. São Paulo: Ed. Paz e Terra, 1996.

FREIRE, Paulo. *Pedagogia da esperança*. Rio de Janeiro: Ed. Paz e Terra, 1992.

FREIRE, Paulo. *Pedagogia do oprimido*. Rio de Janeiro: Ed. Paz e Terra, 1979.

FREIRE, Paulo. *Pedagogia dos sonhos possíveis*. São Paulo: Ed. Unesp, 2001.

FUNDAÇÃO SCHWAB. Disponível em: ‹http://www2.uol.com.br/empreendedor-social/faq.html#resp5›. Acesso em: 07 nov. 2008.

GARCIA, Cláudia Patrícia; SERMANN, Lucia Izabel Czerwonka. *A disciplina de empreendedorismo no ensino superior*: um instrumento para o desenvolvimento sustentável. Disponível em: ‹www.admpg.com.br/2008/cadastro/ver_artigo.php?sid=246›. Acesso em: 07 dez. 2008.

GAZETA MERCANTIL. Brasil, país de empreendedores e empreendedoras. São Paulo, segunda-feira, 08 dez. 2008.

GERBER, Michael E. *O mito do empreendedor revisitado*: como fazer de seu empreendimento um negócio bem-sucedido. Tradução de Günter Altmann, tradução da atualização de Carla Montagner e Elaine Cristina Del Nero. São Paulo: Saraiva, 1996.

GGUBMAN, E. *Talento*: desenvolvendo pessoas e estratégias para obter resultados extraordinários. Rio de Janeiro: Campus, 1999.

GOMES, Valdir. Empreendedorismo nas organizações que aprendem: considerações sobre a dicotomia: ensino versus aprendizado do empreendedorismo. In: ANAIS DO I EGEPE, p. 112-122, out. 2000.

GONTIJO, Felipe Carabetti; MARANHÃO, Carolina Machado Saraiva de Albuquerque; SILVA, Ívina Pereira da. Educação e igualdade social: falácia ou possibilidade?. In: COLÓQUIO INTERNACIONAL SOBRE PODER LOCAL, 11., Salvador, 2009.

GONZÁLES ARROYO, Miguel. *Indagações sobre currículo*: educandos e educadores: seus direitos e o currículo. Brasília: Ministério da Educação, Secretaria de Educação Básica, 2007. 52 p. Disponível em: ‹http://portal.mec.gov.br/seb/arquivos/pdf/Ensfund/indag2.pdf›. Acesso em: 05 nov. 2009.

GRADUAÇÃO TECNOLÓGICA. In: MENEZES, Ebenezer Takuno de; SANTOS, Thais Helena dos. *Dicionário Interativo da Educação Brasileira*: EducaBrasil. São Paulo: Midiamix, 2002. Disponível em: ‹http://www.educabrasil.com.br/eb/dic/dicionario.asp?id=145›. Acesso em: 14 mar. 2009.

GRECO, Simara Maria de Souza Silveira *et al*. *Empreendedorismo no Brasil*: 2008. Curitiba: IBQP; 2009.

GUIMARÃES, Liliane de Oliveira; SIQUEIRA, Moema Miranda de. Novos desafios do empreendedorismo. *Revista Administração e Diálogo*, v. 9, n. 1, p. 144-156, 2007.

HARTIGAN, Pamela; ELKINGTON, John. *Empreendedores sociais*: o exemplo incomum. São Paulo: Campus, 2009.

HOLLIDAY, Oscar Jara. *Para sistematizar experiências*. Tradução Maria Viviana V. Resende. 2. ed. rev. Brasília: MMA, 2006. 128 p. (Série Monitoramento e Avaliação, 2)

INSTITUTO BRASILEIRO DE INOVAÇÃO E EMPREENDEDORISMO – IBIE. Disponível em: ‹http://www.ibie.com.br›. Acesso em: 05 nov. 2008.

INSTITUTO DE TECNOLOGIA SOCIAL. *Conhecimento e Cidadania 1*: tecnologia social. São Paulo, 2007. Disponível em: ‹http://www.itsbrasil.org.br/pages/23/CadernoTS2007.pdf›. Acesso em: 02 jan. 2010.

INSTITUTO DE TECNOLOGIA SOCIAL. *Conhecimento e Cidadania 3*: tecnologia social. São Paulo, 2007. Disponível em: ‹http://www.itsbrasil.org.br/pages/23/ts_educacao_miolo.pdf›. Acesso em: 02 jan. 2010.

KNIGHT, F. *Risk, Uncertainty, and a Profit*. New York: Augustus Kelly, 1921.

LAKATOS, Eva Maria; MARCONI, Marina de Andrade. *Fundamentos de Metodologia Científica*. São Paulo: Ed. Atlas, 1985.

LAKATOS, Eva Maria; MARCONI, Marina de Andrade. *Metodologia do trabalho científico*: procedimentos básicos, pesquisa bibliográfica, projeto e relatório, publicações e trabalhos científicos. 2. ed. São Paulo: Atlas, 1986.

LAVILLE, C. e DIONNE, J. *A construção do saber*: Manual de Metodologia de pesquisa em Ciências Humanas. Porto Alegre: Ed. Artes Médicas Sul; Belo Horizonte: Ed. UFMG, 1999.

LEITE, Roberto Cintra. *A audácia de um empreendedor.* Disponível em: ‹http://www.inovates.com.br/admin/files/artigo/audacia_de_um_empreendedor.pdf›. Acesso em: 13 jul. 2008.

LERVOLINO, Solange Abrocesi; PELICIONI, Maria Cecilia Focesi. A utilização do grupo focal como metodologia qualitativa na promoção da saúde. *Revista da Escola de Enfermagem da USP*, v. 35, n. 2, p. 115-21, jun. 2001.

MATTOS, P.; LINCOLN, C. L. A entrevista não-estruturada como forma de conversação: razões e sugestões para sua análise. *Rev. Adm. Publica*, 39 (4), p. 823-847, jul./ago. 2005.

McCLELLAND, D. C. *Entrepreneurship and achievement motivation*: approaches to the science of socio-economic development. Ed. P. Lengyel. Paris: UNESCO, 1971.

MEDRONHA, Jacira. *Agência experimental*: um laboratório a experienciar novos formatos de comunicação. In: UNESCOM – CONGRESSO MULTIDISCIPLINAR DE

COMUNICAÇÃO PARA O DESENVOLVIMENTO REGIONAL. São Bernardo do Campo 09 à 11 de outubro de 2006. Disponível em: ‹http://encipecom.metodista.br/mediawiki/images/3/30/GT5-_REGIOCOM-_06-_Agencia_experimental-_Jacira.pdf›. Acesso em: 13 jul. 2008.

MELO NETO, Francisco de Paulo; FROES, César. *Empreendedorismo Social.* Rio de Janeiro: Qualitymark, 2002.

MELO NETO, Francisco Paulo de; FROES, César. *Responsabilidade social e cidadania empresarial*: a administração do terceiro setor. Rio de Janeiro: Qualitymark, 1999.

MELO, Daniel Reis Armond de; MOTTA, Gustavo da Silva. Tecnologia social e tecnologia convencional: uma aproximação com a Paraeconomia de guerreiro ramos. In: COLÓQUIO INTERNACIONAL SOBRE PODER LOCAL, 11., Salvador, 2009.

MENGER, C. *Principles of Economics*. Traduzido por J. Dingwall e B. E. Hoselitz, New York University Press, 1987.

MESSINA, Graciela. *Mudança e inovação educacional*: notas para reflexão. Disponível em: ‹http://www.scielo.br/pdf/%0D/cp/n114/a10n114.pdf›. Acesso em: 05 jan. 2010.

MILL, J.S. *The Principles of Political Economy*: with some of their applications to social philosophy, 1848.

MINAYO, M. C. *O desafio do conhecimento*: pesquisa qualitativa em saúde. São Paulo: Hucitec-Abrasco, 1992.

MINAYO, M. C. *O desafio do conhecimento*: pesquisa qualitativa em saúde. 6. ed. São Paulo, Hucitec, Rio de Janeiro, Abrasco, 1999. (Coleção Saúde em Debate, 46).

MINAYO, M. C. *O desafio do conhecimento*: pesquisa qualitativa em saúde. Rio de Janeiro: Abrasco, 2007.

MITCHEL, Ronald K.; AGLE, Bradley R.; WOOD, Donna J. Toward a Theory of Stakeholder Identification and Salience. Disponível em: http://www.knoow.net/cienceconempr/gestao/stakeholder.htm›. Acesso em: 07 mar. 2010.

MOREIRA, Erbene Guimarães. O intra-empreendedorismo como competência organizacional. Disponível em: ‹http://www.fa7.edu.br/rea7/iniciacao_cientifica/arquivos/Erbene.doc›. Acesso em: 05 nov.2008.

MORIN, Edgard. *Os sete saberes necessários à educação do futuro*. São Paulo: Ed. Cortez, 2003.

MOTTIN, Ernani José. *Criatividade*: passo a passo. Ed. AGE Ltda, 2005.

NICOLINI, Alexandre Mendes. Os novos aprendizes organizacionais: aprendendo na prática e em comunidade. In: COLÓQUIO INTERNACIONAL SOBRE PODER LOCAL, 11., Salvador, 2009

NOVAES; Marcos Bidart Carneiro de; GIL, Antonio Carlos. A pesquisa-ação participante como estratégia metodológica para o estudo do empreendedorismo social em administração de empresas. *RAM – Revista de Administração Mackenzie*, v. 10, n. 1. jan./fev., 2009. ISSN 1678-6971.

OLIVEIRA, Edson Marques. *Empreendedorismo social e empresa júnior no Brasil: o emergir de novas estratégias para formação profissional.* Disponível em: ‹www.faculdadejkvalparaiso.com.br/pdf/pos_graduacao/ISABELA_VELASQUE.pdf›. Acesso em: 13 mar. 2009.

OLIVEIRA, Edson Marques. *Empreendedorismo social*: da teoria à prática, do sonho à realidade. Rio de Janeiro: Qualitymark, 2008.

OLIVEIRA, Maria Marly. *Como fazer pesquisa qualitativa*. Petrópolis: Vozes, 2007.

PAIVA JR., F. G. *O empreendedorismo na ação de empreender*: uma análise sob o enfoque da fenomenologia sociológica de Alfred Schütz. Tese (Doutorado em Administração)–Centro de Pesquisa e Pós-graduação em Administração, Universidade Federal de Minas Gerais, 2004.

PESSOA, Eliana; GONÇALVES, Sonia Maria Goulart. *Ensino de empreendedorismo*: uma abordagem tridimensional. Disponível em: ‹http://aplicaciones.icesi.edu.co/ciela/anteriores/Papers/edem/1.pdf ›. Acesso em: 07 ago. 2008.

PINCHOT, Gifford; PELLMAN, Ron. *Intra-empreendedorismo na prática*: um guia de inovação nos negócios. Tradução de Márcia de Andrade Nascentes da Silva. Rio de Janeiro: Ed. Elsevier, 2004.

PROGRAMA BRASIL EMPREENDEDOR. Governo Federal. Disponível em: ‹http://www2.desenvolvimento.gov.br/sitio/sdp/proAcao/proBraEmpreendedor/res_consolidado.php›. Acesso em: 10 nov. 2008.

REIS, Hilário Renato dos. *A Constituição do sujeito político, epistemológico e amoroso*. Tese de Doutorado, Unicamp, 2000.

REIS, José Roberto; MAGALHÃES, Elenice Maria de; DIAS, Tereza Cristina; RIBEIRO, Ricardo. *Material didático do mestrado em turismo e meio ambiente*. Belo Horizonte, 2009.

RICHARDSON, Roberto Jarry. *Pesquisa participante e pesquisa ação*: alternativas de pesquisa ou pesquisa alternativa. Disponível em: ‹http://jarry.sites.uol.com.br/pesquisaparticipdef.htm›. Acesso em: 10 fev. 2010.

ROBBINS apud MENEGATTI. Disponível em: ‹http://www.endeavor.org.br/wp-content/uploads/2009/12/CriatividadeInovação.pdf›. Acesso em: 15 jan. 2010.

ROCHA, Tião. *IQP – indicadores de qualidade de projeto*. Disponível em: ‹http://www.cpcd.org.br/principal/publ/Guia%20IQP.pdf›. Acesso em: 12 dez. 2009.

ROSA, Cláudio Afrânio. *Como elaborar um plano de negócio*. Brasília: Sebrae, 2007. 120 p.

ROSSONI, Luciano et al. Explorando as relações do empreendedorismo de negócios com empreendedorismo social no Brasil. Curitiba, *REAd*, ed. 57, v. 13, n. 3, set./dez. 2007.

ROUCO, Juan José Meré; RESENDE, Marisa Seoane Rio. *A estratégia lúdica*: jogos didáticos para a formação de gestores de voluntariado empresarial. São Paulo: Peirópolis, 2003.

SANTOS, Boaventura de Sousa. Da idéia de universidade à universidade de idéias. *Revista Crítica de Ciências Sociais*, n. 27/28, jun. 1989.

SANTOS, Boaventura de Sousa; FILHO, Naomar de Almeida. *A universidade no século XXI*: para uma universidade nova. Coimbra, out. 2008. Disponível em: ‹www.boaventuradesousasantos.pt ›. Acesso em: 02 jan. 2010.

SANTOS, Cássio Miranda dos. *Ensinar, verbo transitivo*. Belo Horizonte: Ed. Autêntica, 1999.

SANTOS, Jorge Alberto dos; DIAS, Carolina Aparecida de Freitas. *Empresa simulada*: uma estratégia diferenciada no processo ensino aprendizagem em administração. Disponível em: ‹http://www.dad.ufv.br/jorge/publicacoes/Empresa_Simulada.pdf.› Acesso em: 02 fev. 2010.

SARKAR, Soumodip. *Empreendedorismo e inovação*. Escolar Ed., 2007.

SAY, J.B. (1803) *Traité d'économie politique, ou simple exposition de La manière dont se forment, se distribuent ET se consomment les richesses*. Paris: Deterville, 1 Ed. Disponível em: HTTP://gallica.bnf.fr/scripts/ConsultationTout,exe?O=N005672&E=0

SCHOMMER, Paula Chies. *Gestão Social*: caso de inovação em políticas públicas ou mais um caso de Lampedusa? Disponível em: ‹http://institutofonte.org.br/artigo-gestao-social-inovacao-enigma-de-lampedusa›. Acesso em: 20jan. 2010.

SCHUMPETER, J.A. *Der untermehmer (1928)*. In: ELSTER, LUDWIG et al. Handwprterbuch der staatswissesnschaften, 4ed., Jena 1928:483

SCHUMPETER, Joseph Alois. *Capitalismo, socialismo e democracia*. Rio de Janeiro: Zahar, 1984.

SILVA, Jackson Ronie Sá; ALMEIDA, Cristóvão Domingos de; GUINDANI, Joel Felipe. Pesquisa documental: pistas teóricas e metodológicas. *Revista Brasileira de História & Ciências Sociais*, ano 1, n. 1, jul. 2009. Disponível em: ‹http://www.rbhcs.com/index_arquivos/Artigo.Pesquisa%20documental.pdf›. Acesso em: 12 jan. 2010.

SOUZA, Maria Suzana de; MOURA, Solange Maria; CALLIL, Monica. Sala em Cena: Jogos Teatrais na Formação do/a gestor/a social – Artigo apresentado no XI Colóquio Internacional sobre Poder Local. Salvador, 2009.

SOUZA; Annecleide Ferreira de; BITTI, Keila Fagundes; DELABELLA, Luciano; MERLIN, Maria da Ajuda Boroto. *Capital intelectual nas organizações na era do conhecimento.* Disponível em: ‹http://www.univen.edu.br/revista/n009/CAPITAL%20 INTELECTUAL%20NAS%20ORGANIZA%C7%D5ES%20NA%20ERA%20DO%20 CONHECIMENTO.pdf ›. Acesso em: 10 mar. 2010.

STEINER, João E.; MALNIC, Gerhard. *Ensino superior*: conceito e dinâmica. São Paulo: EdUSP, 2006.

TEIXEIRA, Elizabeth. *As três metodologias*: acadêmica, da ciência e da pesquisa. Petrópolis: Vozes, 2005.

TENÓRIO, F. G. *Tem Razão a Administração?*: Ensaios de teoria organizacional e gestão social. Ijuí: Unijuí, 2002. Disponível em: ‹http://institutofonte.org.br/artigo-gestao-social-inovacao-enigma-de-lampedusa›. Acesso em: 20 jan. 2010.

THIOLLENT, Michel. *Metodologia da pesquisa-ação*. São Paulo: Cortez, 1985.

TODOROV, João Cláudio. O conceito de responsabilidade social nos estabelecimentos de ensino superior. *Revista da Associação Brasileira de Mantenedoras de Ensino Superior*, Brasília, ano 23, n. 34, abr. 2005.

UNA ACONTECE. *Informativo do site do Centro Universitário UNA*. Agência FORTUNA lança seu projeto de comunicação para 2008. Disponível em: ‹http://www.una.br/Cmi/Pagina.aspx?2468›. Acesso em: 24mar.2008.

UNIVERSIA. *Mercado questiona IES sobre formação empreendedora* – matéria Disponível em: http://www.universia.com.br/universitario/materia.jsp?materia=18843, Acesso em: 10/03/2010

VÉRIN, H. *Entrepreneurs, entreprises, histoire d'une idée*. Paris, Presses Universitaires de France, 1982.

YOZO, R.Y. *Cem jogos para grupos*: uma abordagem psicodramática para empresas, escolas e clínicas. São Paulo: Agora, 1996.

ZAMPIER, Marcia Aparecida; TAKAHASHI, Adriana Roseli Wünsch. *Competências empreendedoras e processos de aprendizagem empreendedora*: modelo conceitual de pesquisa. In: Colóquio Internacional sobre Poder Local, 11., Salvador, 2009.

Apêndices

APÊNDICE 01 – Carta Contrato

Belo Horizonte, 23 de março de 2010

Representante da organização
NOME DA ORGANIZAÇÃO

O mundo atual exige ações assertivas em todas as áreas da organização. A velocidade das mudanças tecnológicas, sociais e comportamentais exige dos profissionais atitudes arrojadas e inovadoras. É neste contexto que aumenta a necessidade de se encontrar profissionais com o chamado "espírito empreendedor", dotados de características singulares, capazes não só de sobreviver nesse ambiente competitivo, mas, ainda, de se sobressair, rompendo barreiras comerciais e culturais, velhos paradigmas e gerando riquezas para a sociedade.

Há uma ampliação do espaço de discussão acerca do empreendedorismo, incluindo sua vertente social. Nesse contexto, apresentamos-lhe a Agência ... (nome da agência e da Escola/Universidade). A Agência é um espaço em que os alunos do ... período do Curso de ... vão, de forma prática, exercitar os conhecimentos, competências e habilidades adquiridas, sob a coordenação do(a) professor(a) ... e apoio de toda equipe de professores e coordenação do curso.

Acreditamos que a Agência ... gera uma oportunidade de mão dupla. Para os alunos, a possibilidade da prática real do conhecimento adquirido e, para a organização, a possibilidade de aquisição, sem ônus, da **elaboração de um Planejamento Estratégico**, que tem como objetivo propor um diagnóstico seguido de ações estratégicas, de forma criativa e inovadora, para o alcance das metas da sua organização.

O método utilizado segue os passos do planejamento de negócios como análise de situações, política, plano, programa, diretriz, definição de ferramentas, ações, avaliação e relatórios. Portanto, para o melhor desenvolvimento desse projeto, é imprescindível a autorização de utilização de imagem da organização, bem como a citação de nome e marca e o acesso às informações sobre a instituição.

Ressaltamos que as ideias oriundas do Plano propostas pelos alunos serão de direito de sua organização e poderão ser usadas em qualquer tempo.

Cordialmente,

NOME DO COORDENADOR(A)
Coordenador(a) da Agência Experimental de Empreendedorismo Social – nome da agência

De acordo:_______________________________________

(assinar e carimbar)

APÊNDICE 02 – Roteiro para primeira visita à instituição

1. Qual o objetivo ou finalidade da instituição?
2. Qual o ano de sua fundação?
3. Quem é(são) o(s) fundador(es)?
4. Quais pessoas passaram pela instituição?
5. Qual a história da instituição?
6. Quantas pessoas trabalham na organização (quantos são funcionários, quantos são voluntários)?
7. Há um organograma na instituição? Qual seria?
8. A que público se destina a instituição? Quantos são os atendimentos?
9. O que a instituição faz atualmente para atingir seu objetivo ou finalidade?
10. Há um Plano de ação? Qual seria?
11. Há parcerias com outras instituições, empresas, organizações? Quais seriam?
12. Como a organização mobiliza recursos financeiros?
13. Como é feita á divulgação da organização?
14. Como é o apoio da comunidade para as causas da organização?
15. Que tipo de material a organização utiliza para sua comunicação interna?
16. Quais eventos a organização realiza e com qual periodicidade?
17. Quais os planos e ideias da organização para os próximos anos em relação ao seu crescimento na comunidade?

APÊNDICE 03 – Roteiro de entrevistas de avaliação do processo com os grupos (alunos, professores e entidades)

ALUNOS

1. Vocês se sentiam parte/donos do projeto?
2. Vocês entendiam o que o projeto desejava? E, ainda, vocês acham que o projeto conseguia resolver, de fato, os problemas apresentados pelas entidades?
3. Há coerência entre teoria e prática?
4. Agora, eu queria conversar sobre espírito de equipe e solidariedade. Bom, na agência, o trabalho é em grupo. Só que, além de ser em grupo, são grupos sorteados. Então, vocês que já tinham o hábito de fazer trabalho com os mesmos grupos, os mesmos colegas, de repente se veem com o desafio de participar de um grupo sorteado com pessoas que vocês até conheciam, mas nunca tinham trabalhado. O que vocês acham disso? Isso é mais um processo de cooperação ou de complicação? E, ainda, as dinâmicas utilizadas na agência serviram para atrapalhar ou melhorar essa integração?
5. E o que vocês acharam das dinâmicas feitas em sala de aula? Houve uma turma aqui que fez a da colcha de retalhos, a do quadro, evento, palestras, vários tipos de dinâmicas. Isso ajuda, atrapalha, é uma bobagem... o que vocês acham?
6. Agora, vamos falar de criatividade, inovação e empreendedorismo social. O que foi feito na agência estimulou a ação criativa, o lado empreendedor de vocês?
7. A gente discutia em sala de aula – até porque o foco era o empreendedorismo social – que estamos acostumados a estudar o empreendedorismo e a gestão de forma mais

tradicional, baseada no lucro, nos chefes e em alguns paradigmas que a gente tem em relação ao que seja sucesso profissional. Vocês visitaram algumas instituições de pessoas que não ganham tanto dinheiro, mas que tem um trabalho de muito valor. Então, a partir do trabalho da agência, mudou em vocês o sentido de gestão e sucesso profissional?

8. Houve algum tipo de transformação – em vocês e em seus colegas – do dia em que vocês entraram para o dia em que vocês saíram? Vocês sentiram algum tipo de mudança pessoal, social e profissional?
9. Vocês foram felizes na agência? O tempo que vocês estiveram lá causou alegria? Vocês ficavam felizes porque iam à agência?
10. Para finalizar, o que deve ser mantido/mudado na agência?

ENTIDADES

1. Como aconteceu sua relação entre a agência, os alunos? Como foi a abordagem?
2. E, nesses encontros, os alunos apontaram para você o que eles viam de positivo e negativo na ONG?
3. Então, esses produtos que os alunos lhe apresentaram, mesmo sofrendo alterações, despertaram interesse para começar a investir na comunicação?
4. Foi positivo para eles e foi positivo para vocês?
5. O trabalho, então, estimulou o empreendedorismo das pessoas que participam da ONG?
6. Que pontos negativos você vê no projeto?

PROFESSORES

1. Você acredita que os participantes da agência (professores e alunos) sentem e atuam como se cada um fosse dono dele (projeto)?
2. As propostas pedagógicas do curso são congruentes com as atividades realizadas na agência?
3. As atividades desenvolvidas na agência levam, de fato, à prática profissional?
4. Na agência, os grupos de trabalho são sorteados. Há no trabalho dessa equipe convivência harmoniosa ou conflituosa?
5. O que se produz na agência é criativo e inovador?
6. Os intercâmbios entre professores, alunos e entidade enriquecem o trabalho?
7. Você acha que a agência utiliza, devidamente, os recursos materiais e humanos?
8. Como se trabalha o respeito mútuo nos alunos?
9. Há evidências de que o projeto oferece oportunidades de aprendizagem aos alunos?
10. De que forma enxerga que o projeto da agência trabalha o protagonismo nas pessoas?
11. Você percebe possibilidades de transformação?
12. Você sugere mudanças a se fazer? Quais?

Anexos

ANEXO 01 – Matéria do Jornal *Tribuna*

tribUNA

Unatec inaugura Agência de Comunicação Integrada

6 e 7

A iniciativa reforça o pioneirismo da instituição e sua liderança de mercado

Será inaugurada, no dia 25 de outubro, a Agência Experimental de Comunicação da UNATEC, a única do Brasil dentro de um curso tecnólogico. A professora de Empreendedorismo do 4º período do curso de Comunicação Empresarial, Maria Flávia Bastos, conta que o projeto surgiu no final de 2005, quando ela foi convidada a ministrar a disciplina. "A UNA é uma escola que trabalha o tempo todo para que seus alunos fiquem preparados para o mercado e esta disciplina é preparatória. Os tecnólogos são mercadológicos e como o curso tem apenas dois anos, é muito importante que eles tenham vivências. Com a agência, nossos alunos terão uma visão global de tudo que aprenderam, atendendo a clientes reais e fazendo diagnósticos, prevendo e propondo uma intervenção, uma vez que a função do comunicador é apontar a ideal política de comunicação a ser seguida", explica. Ainda segundo Maria Flávia, empreendedorismo não pode se separar de criatividade e inovação e para que uma pessoa seja empreendedora, ela precisa utilizar dessas duas virtudes. "Empreendedor não é apenas aquele sujeito que tem sua própria empresa,mas aquele que, mesmo como funcionário de uma, saiba colaborar também",finaliza.

O trabalho

A agência experimental recebeu o nome de Fortuna, indicado pela aluna Edielma Araújo. Para ela, o nome sugere fortuna de idéias, fortaleza, além de carregar e reforçar o nome da instituição. "Escolhi e dei esta sugestão pensando que Fortuna é sinônimo de coisas boas e está ligada ao sucesso financeiro. E para nós, alunos, este nome está sintonizado com a concretização dos nossos sonhos como profissionais e com os esforços para a conquista de nossos ideais, também queremos ser afortunados na vida particular e profissional", explica.

A Fortuna, que é sem fins lucrativos, conta com a participação ativa dos 40 alunos do último período de Comunicação Empresarial e atende a clientes reais como, cooperativas, associações de bairros e ONGS. "Um dos focos da UNA é a responsabilidade social e é muito importante atuarmos nessa área", comenta Maria Flávia.

Os alunos foram divididos em seis grupos que ficaram responsáveis por clientes diferentes. Primeiro, foi feita a captação. Um contrato foi assinado e documentado, confirmando que os

de comunicação, e que a aplicabilidade desse projeto ocorrerá por conta do cliente.

De acordo com a professora, os estudantes foram separados por sorteio para que aprendam e se acostumem a trabalhar com pessoas que não sejam tão ligadas, uma vez que não se escolhe os colegas de trabalho.

O aluno Paulo Henrique Bernardino é o administrador da agência e atua com planejamento e tráfego. Para ele, a Fortuna significa uma realização. "O entusiasmo da "família Unatec" com a agência e a dedicação dos alunos, professores e administração da instituição levam a crer que não é só o pioneirismo que vai marcar a história da Fortuna, mas a excelência em comunicação empresarial no mercado", declara.

A instituição escolhida pelo grupo de Paulo foi a Cresap, Vinha do Senhor, localizado no bairro Santa Rosa. Ela tem missão evangelizadora e atua com assistência social, fazendo doações de cestas básicas à famílias carentes, orientação sobre cuidados com saúde e assistência à ex-drogados.

ANEXO 02 – Matéria do Jornal *Estado de Minas* (31 mar. 2009)

ESTADO DE MINAS • TERÇA-FEIRA, 31 DE MARÇO DE 2009

30 GERAIS

D+

ESTA SEÇÃO É PUBLICADA ÀS TERÇAS-FEIRAS

UAI-SÔ-FLY

Os 14 estudantes do curso de engenharia mecânica, com ênfase em aeron[...] equipe Uai-Sô-Fly viajaram ontem para os Estados Unidos, onde represen[...] projeto SAE Aerodesign. Eles foram os grandes campeões da edição nacion[...] 2008, realizada entre 15 e 19 de outubro nas dependências do Comando-[...] Campos. A competição mundial será em 3, 4 e 5 de abril e disputada por 6[...]

Estratégia para ONGs

Agência experimental criada por alunos do Unatec, em BH, desenvolve projetos de marketing para entidades do terceiro setor. Prática supre lacuna do curso técnico, que não contempla no currículo temas como sociologia e permite contato com temas relacionados à cidadania

GLÓRIA TUPINAMBÁS

Conhecimento e solidariedade de mãos dadas em Belo Horizonte. Alunos do curso de marketing do Instituto UNA de Tecnologia (Unatec) vinculado ao Centro Universitário UNA, são os mais novos parceiros de organizações não-governamentais (ONGs) e entidades sem fins lucrativos da capital. Nos próximos quatro meses, os estudantes estarão envolvidos num árduo trabalho de equipe, que exige mais do que sabedoria e dedicação. Envolvimento social e vontade de ajudar o próximo são ingredientes que não podem faltar no plano de marketing e comunicação que as associações vão receber diretamente dos universitários.

A ação é o principal foco da Agência Experimental Fortuna, criada em 2006, por alunos da disciplina de empreendedorismo do Unatec. Desde então, mais de 40 entidades do terceiro setor já foram beneficiadas com a parceria. Segundo a coordenadora da iniciativa, a professora Maria Flávia Bastos, o trabalho, que substitui parte das provas e avaliações no decorrer do semestre, preenche lacunas do curso tecnólogo de graduação em marketing. "Essa modalidade oferece formação de nível superior em apenas dois anos e está mais voltada para o mercado de trabalho. Por isso, montamos um projeto direcionado para o empreendedorismo social. Por meio desse contato com as ONGs, os alunos têm contato maior com questões de cidadania e suprem, parcialmente, a falta de disciplinas como filosofia e sociologia no currículo", explica Maria Flávia.

Divididos em equipes, os universitários escolhem a entidade onde desejam atuar e começam as visitas e reuniões para traçar um diagnóstico da realidade da instituição. Em vários encontros, eles analisam as formas de comunicação da entidade com os funcionários e com a comunidade, as ferramentas de diálogo, como sites, blogs, jornais ou murais, as ações de divulgação dos serviços prestados no local e o poder da marca da ONG. O passo seguinte é propor soluções e alternativas para melhorar o plano de marketing e comunicação da entidade, que será acompanhada, até julho, pelos estudantes e professores da universidade.

RAIOS X Ontem, na primeira reunião com a Associação de Pais e Amigos de Excepcionais de Belo Horizonte (Apae-BH), uma das entidades escolhidas pela agência experimental, os alunos começaram a traçar uma radiografia completa das demandas e necessidades que serão abordadas no projeto. Mereceu destaque a logomarca da instituição, representada por duas mãos segurando uma flor, que aparece estampada na fachada do prédio no Bairro Santa Tereza, na Região Leste da capital, no uniforme dos 300 alunos e nas correspondências oficiais da escola. Na próxima visita, o foco será o *Jornal da Apae*, que deixou de circular há alguns meses por falta de recursos humanos.

"A associação é muito bem estruturada e esperamos que o nosso plano de marketing ajude na divulgação de suas ações. O grupo está vivendo uma experiência de trabalho maravilhosa, que permite pôr em prática toda a teoria vista em sala de aula, e sabemos da importância desse tipo de intervenção para beneficiar a comunidade", diz Jéssica Filizola, de 21, aluna do 3º período. Com o apoio dos colegas Roberta Prado, Rúbia Alvarenga, Marcos Venícius Sales e Weslley Leandro Nunes, a estudante quer ajudar a escrever uma nova página na história da Apae. "Esse contato com alunos de marketing é inédito na instituição e estamos otimistas. Nosso maior objetivo é mostrar à sociedade as habilidades dos nossos alunos e espero que isso seja alcançado", conta a vice-diretora da Apae-BH, Terezinha Carvalhais Barbosa Filha.

SITE Já o grupo da estudante Fernanda Soares Pereira Costa, de 21, está um passo à frente. Parceiros da ONG Mudança Já, com sede em Venda Nova, eles criaram um site para publicar informações sobre os 40 cursos profissionalizantes oferecidos pela instituição. Com fotos e pequenos textos ilustrados, eles resumem um pouco das aulas de mecânica, corte e costura, bordado, dança, culinária, teatro, depilação e línguas, entre outras. "Estamos deslumbrados com a oportunidade de vivenciar uma realidade diferente. Nossa primeira ação será ajudar a melhorar a comunicação interna da ONG com seus voluntários e funcionários. Depois, vamos criar uma sala de professores e trabalhar na mobilização de parceiros para a entidade. É uma experiência que está mudando a nossa formação", comemora Fernanda.

Na sexta-feira, está previsto um encontro dos alunos de marketing com todas as entidades do terceiro setor envolvidas nas ações da Agência Experimental Fortuna. O evento está marcado para as 19h, no câmpus Barro Preto do Centro Universitário UNA, e serão apresentados balanços das últimas edições do projeto e uma perspectiva das intervenções iniciadas neste semestre. Mais informações podem ser obtidas no blog *http://nossafortuna.blogspot.com*.

A professora Maria Flávia Bastos dá dicas para a estudante Fernanda Soares Pereira Costa, que criou um blog para a entidade que assiste

Alunos do curso de tecnólogo em marketing, Roberta Prado, Rubia Alvarenga e Marcos Vinicius Sales analisam material da Apae

DE MÃOS DADAS

ANEXO 03 – Fotos da FORTUNA

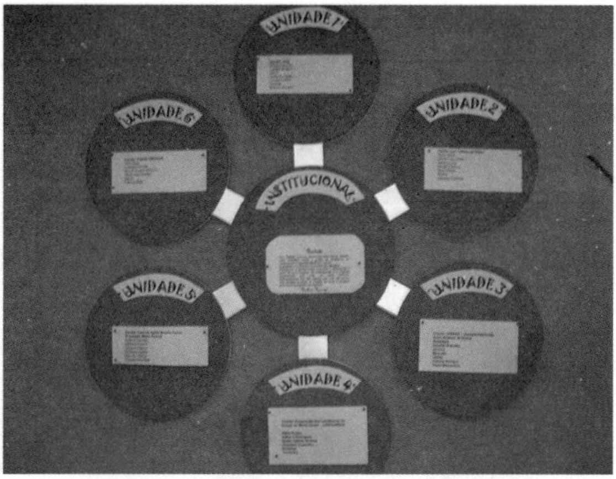

Mural criado
por alunos da primeira
turma em 2006.

Espaço da agência
no curso de comunicação
institucional.

Alunos e clientes em
evento de boas-vindas –
Turma de 2007.

Anexo 04 – Exemplo de Campanha

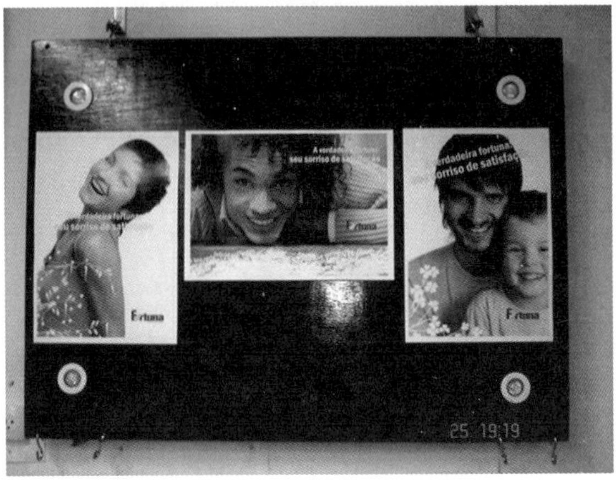

Cartazes de Campanha da Fortuna criada por alunos

Este livro foi impresso em papel Offset 75 g/m²
(miolo) e Cartão 250 g/m² (capa),
no mês de outubro de dois mil e quinze.